인생에 불안함이 밀려드는

인생 후배분들께

Jeff 지음 (제프스터디 대표)

BromBooks
브롬북스
독자의 미래를 바꾸는 책을 만듭니다.

인생에 불안함이 밀려드는
인생 후배분들께

초판 1쇄 발행 2025년 2월 21일

| 지 은 이 | 현장원(Jeff 강사)
| 펴 낸 곳 | 브롬북스(BromBooks)
| 출판등록 | 출판등록 : 제2019-000252호
| 주   소 | 서울시 강남구 봉은사로 317, 3층
| 전   화 | 070-7563-7775
| 이 메 일 | jeffstudylove@gmail.com
| 홈페이지 | www.jeffstudy.com

저작권자 | ⓒ 2025. 현장원

이 책의 저작권은 저자에게 있습니다. 서면에 의한 저자와 출판사의 허락 없이
내용의 일부 혹은 전부를 인용 및 복제하거나 발췌하는 것을 금합니다.

'제프스터디는 영어초보분들께 꿈과 희망을 드립니다!'

책값은 뒤표지에 있습니다.
잘못 만든 책은 구입하신 서점에서 교환해 드립니다.
책 관련한 문의 사항은 제프스터디(www.jeffstudy.com)로 문의 부탁드립니다.

ISBN : 979-11-988001-7-6 (03190), 브롬북스 도서번호 A00256

인생에 불안함이 밀려드는
인생 후배분들께

Jeff 지음 (제프스터디 대표)

삶의 모든 순간은 긍정적인 변화를 위한
새로운 기회를 안겨줍니다.

이 책이 당신에게
소중한 기회가 되기를 소망합니다.

BromBooks
브롬북스
독자의 미래를 바꾸는 책을 만듭니다.

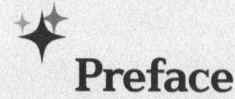

Preface

**갈증에 물을 찾듯,
지혜와 용기가 필요할 때
꺼내볼 책!**

인생을 살아가다 보면 때로 용기나 지혜가 필요할 때가 있습니다. 그런 순간에 선배나 멘토의 따뜻하고 실질적인 조언은 큰 힘이 됩니다. 그 한마디가 전해주는 용기와 지혜는 때로 우리의 삶의 방향을 완전히 바꿀 만큼 강력한 힘을 발휘할 수 있습니다.

이 책은 바로 그런 특별한 순간이 독자 여러분께 찾아가기를 바라는 마음으로 쓰였습니다.

저는 수많은 책을 읽고 강연을 들으며 제 나름의 길을 찾아왔습니다. 때로는 직접 경험을 통해 삶의 지혜를 깨닫기도 했습니다. 그 과정에서 얻은 용기와 통찰은 제 인생에 큰 변화를 가져왔습니다.

이 책은 철학자와 지식인의 깊은 통찰, 현대 심리학의 연구, 그리고 제 개인적인 경험에서 얻은 나름의 깨달음을 담고 있습니다. 최대한 쉽고 간결하게 풀어내고자 노력했습니다. 이 책이 삶의 방향을 찾고자 하는 인생 후배분들께 든든한 지침이 될 것이라 확신합니다.

저는 강사로 활동하며, 강의 중 전한 삶의 이야기와 동기부여 메시지가 수강생분들에게 큰 힘이 되었다는 응원을 많이 받았습니다. 이 책에는 강의에서 나눴던 메시지와 미처 전하지 못한 이야기들을 담았습니다. 수강생분들의 소중한 응원 덕분에, 이렇게 책으로 엮을 용기를 얻을 수 있었습니다. 너무나 감사한 마음 전합니다.

이 책에는 영어 강사로서의 제 열정과 욕심 또한 담았습니다. 독자 여러분께 삶의 지혜를 전하는 동시에 제가 가진 영어 문장 해석 비법 또한 이 책을 통해 듬뿍 전달하고자 합니다.

혹시 예전의 저처럼 인생에서 방황하는 후배들이 있지 않을까 생각합니다. 이 책을 통한 저와의 만남이 긍정적인 삶의 변화를 가져오는 소중한 계기가 되길 바랍니다. 아울러 영어에 대한 자신감도 함께 가시시길 기대합니다.

Jeff 강사 드림.

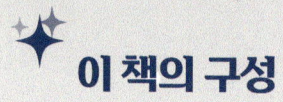

이 책의 구성

'어쩌면 당신의 미래를 바꿀 100가지 이야기'

여러분의 인생을 슬기롭게 살 수 있는 삶의 이야기 100가지와
그 삶의 지혜를 영어 문장으로 공부하는 파트로 구성되어 있습니다.

*각 파트 Jeff 강사의 친절한 설명이 큐알코드로 포함되어 있습니다.

01

100 Stories to Change Your Life

Q) 내가 가지지 못한 것에 대한 불만이 있을 때는?

이미 내가 가진 것에 감사하자.

많은 사람들은 행복을 찾기 위해 끊임없이 더 많은 것을 추구한다. 그러나 우리가 자주 간과하는 중요한 사실은 이미 가지고 있는 것들에 대해 충분히 감사하지 않는다는 점이다. 아무리 작고 사소해 보일지라도, 가진 것에 대한 감사는 삶의 만족도를 크게 높이는 강력한 힘을 지니고 있다.

예를 들어, 가족과 함께하는 소중한 일상, 좋은 친구들과 나누는 따뜻한 대화, 아침에 건강한 몸으로 침대에서 일어나 스스로 활동할 수 있는 일상적인 순간들조차 감사의 대상이 된다. 우리가 당연히 누리는 이러한 것들이 누군가에게는 그리워하고 부러워하는 일일 수 있다. 일상의 작은 기쁨을 의식적으로 인정하고 감사하는 순간, 마음은 더욱 풍요로워진다. 진정한 행복은 더 많은 것을 얻는 데서 비롯되는 것이 아니라, 이미 가지고 있는 것에 감사하는 데서 시작된다.

Part 1_삶을 대하는 태도 15

◆ **핵심 메시지**

Jeff 강사가 전해드리는 핵심 메시지를 기억해 주세요.

◆ **삶의 지혜를 담은 짧은 에세이**

인생을 살며 알아두면 좋을 Jeff 강사의 삶의 이야기를 들어보세요.

뒷 페이지에 나올 영어 문장 해석에 힌트를 얻을 수 있습니다.

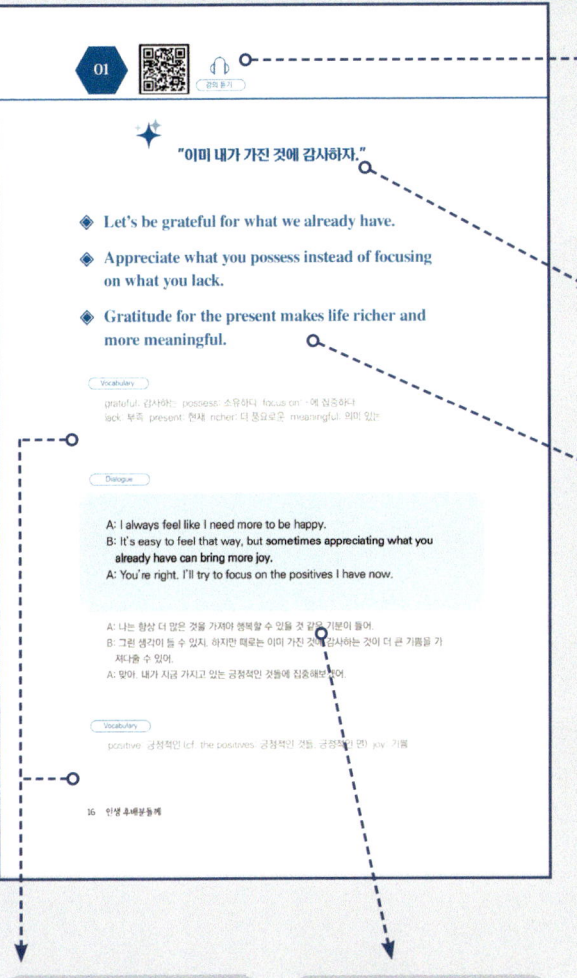

01

"이미 내가 가진 것에 감사하자."

◆ Let's be grateful for what we already have.

◆ Appreciate what you possess instead of focusing on what you lack.

◆ Gratitude for the present makes life richer and more meaningful.

Vocabulary
grateful: 감사하는 possess: 소유하다 focus on: ~에 집중하다
lack: 부족 present: 현재 richer: 더 풍요로운 meaningful: 의미 있는

Dialogue
A: I always feel like I need more to be happy.
B: It's easy to feel that way, but sometimes appreciating what you already have can bring more joy.
A: You're right. I'll try to focus on the positives I have now.

A: 나는 항상 더 많은 것을 가져야 행복할 수 있을 것 같은 기분이 들어.
B: 그런 생각이 들 수 있지. 하지만 때로는 이미 가진 것에 감사하는 것이 더 큰 기쁨을 가져다줄 수 있어.
A: 맞아. 내가 지금 가지고 있는 긍정적인 것들에 집중해보려고.

Vocabulary
positive: 긍정적인 (cf. the positives: 긍정적인 것들, 긍정적인 면) joy: 기쁨

◆ **QR 코드 강의 제공**
QR 코드를 통해 제프 강사의 재밌는 영어 강의를 들려드립니다.
(무료 제공)

◆ **핵심 내용 체크**
아래 영어 문장들의 공통적인 핵심 생각을 우선 읽어 보세요.

◆ **핵심 영어 문장**
1) 핵심 생각을 담은 3개의 패러프레이즈된 영어 문장을 읽어보세요.

2) 제프 강사의 강의를 듣고 문장의 의미를 확실히 이해하며 문장을 내 것으로 만드세요!

3) 영문 해석은 책의 뒷부분에 있습니다. 가급적 한국어 해석 없이 혼자 힘으로 정확히 해석해 보세요.

◆ **핵심 어휘 정리**
핵심 어휘를 별도로 정리해 두었습니다. 영어의 핵심은 어휘력입니다. 모르는 단어는 별도로 정리하여 완전히 암기하세요!

◆ **영어 회화문**
핵심 표현이 들어간 영어 회화 대화문을 통해 한 번 더 핵심 영어 표현을 복습해 보세요!

Contents

● Part 1 _ 삶을 대하는 태도 13p

내 삶은 내가 가진 가장 소중한 선물입니다.
삶을 소중히 여기고 진심으로 사랑하며, 슬기롭게 살아가는 데 도움이 될
스물여덟 가지 이야기를 전해드립니다.

01 이미 내가 가진 것에 감사하자. • 15
02 인생에서 가장 큰 위기는 자신에 대한 믿음이 바닥을 칠 때이다. • 17
03 가족은 항상 최우선이다. • 19
04 작고 사소한 친절이 나 자신과 세상을 바꿀 수 있다. • 21
05 긍정적인 생각은 나에게 기회를 가져다 준다. • 23
06 기회는 준비하는 사람에게만 온다. • 25
07 동이 트기 전이 가장 어둡다. • 27
08 머리가 복잡하면 책상 정리부터! • 29
09 모든 일에는 반드시 원인이 있다. • 31
10 새로운 생각을 떠올리기 위해서는 여행이 반드시 필요하다. • 33
11 성공과 실패의 사이에는 포기만이 있을 뿐이다. • 35
12 성공은 명확하고 제대로 된 목표에서 만들어진다. • 37
13 내가 원하지 않는 일은 다른 사람에게도 하지 말자. • 39
14 실천없는 열정은 공상일뿐이다. • 41
15 아기가 걷기까지 얼마나 많은 실패를 겪는 지 기억하자. • 43
16 양털은 추운 겨울이 오기 직전에 깎는다. • 45
17 여행이란 대부분 용기의 문제다. • 47
18 용서는 나 자신을 위한 것이다. • 49
19 무엇을 성취했는지가 아니라, 그것을 어떻게 성취했는지가 중요하다. • 51
20 인간은 누구나 완벽하지 않다. • 53
21 인간이 저지르는 가장 바보같은 짓은 바꿀 수 없는 과거의 일을 후회하는 것이다. • 55
22 인생에서 결코 늦은 때란 없다. • 57
23 인생은 슬프다. 한 번뿐이기에. • 59
24 인생은 산과 계곡이 이어지는 길이다. • 61
25 가장 중요한 존중의 대상은 바로 나 자신이다. • 63
26 피할 수 없다면, 이 일이 내게 도움이 될거란 확신을 가지고 즐겨라. • 65
27 할 일은 오늘 당장 하고, 고민거리는 내일로 미루자. • 67
28 행복은 상황이 아니라 나의 태도가 결정한다. • 69

Part 2 _ 인간 심리의 이해 ······ 71p

인간의 마음은 보이지 않는 길을 따라 흐릅니다.
그 길을 이해하며 나의 삶을 더욱 풍요롭고 의미 있게 만들어줄
스물아홉 가지 이야기를 들려드립니다.

29 나 자신은 싸워서 이길 존재가 아니다. • 73
30 내 주변에 어떤 친구들이 있는지 항상 파악하자. • 75
31 남을 비난하지 말자. • 77
32 너무 큰 기대는 실망 혹은 분노의 감정으로 되돌아올 수 있다. • 79
33 다른 이의 행복을 시기하지 말자. • 81
34 '5 4 3 2 1 시작' 카운트다운의 기적! • 83
35 마음은 최대한 현재에 머물도록 하자. • 85
36 마음이 혼란스러운 이유는 우선순위가 없기 때문이다. • 87
37 모든 뛰어난 것은 미움받기 마련이다. • 89
38 몰입하고 집중할 때 우리는 진정한 행복을 느낀다. • 91
39 문득 드는 부정적인 생각은 어쩔 수 없지만, 내 입은 통제할 수 있다. • 93
40 미키마우스는 월트 디즈니의 가장 어려운 순간에 태어났다. • 95
41 대중의 편에 서면 부담이 없다. 하지만, 그것을 항상 경계해야 한다. • 97
42 불안할수록 조급한 마음을 버려야 한다. 현재 내가 통제 가능한 게 무엇인지
   정확히 파악하자. • 99
43 웃음은 신체에 놀라운 긍정적인 변화를 일으킨다. • 101
44 웃음은 가장 강력한 매력이다. • 103
45 웃음이 결여된 하루는 낭비된 하루다. • 105
46 인간은 누구나 확증 편향적 성향이 있다. • 107
47 우리는 우리가 생각하는 것보다 더 많은 것을 무의식적으로 결정한다. • 109
48 인간은 생각보다 감정적인 판단을 많이 하는 존재다. • 111
49 포기는 달콤하다. 당장에는 편해지기 때문이다. • 113
50 내 생활의 일부가 무너지면 모두 다 무너진다. • 115
51 적당한 불안감은 내 능력을 끌어올리는 좋은 감정이다. • 117
52 조언을 구하거나 부탁하는 것을 주저하지 말자. • 119
53 생각보다 사람은 타인에 관심이 없다. • 121
54 짜증은 몸이 보내는 경고 신호다. • 123
55 칭찬은 단순한 말 그 이상이다. • 125
56 피그말리온 효과는 분명히 존재한다. 원하는 것을 마음 속으로 항상 그리자. • 127
57 타인에게 호감을 주는 최고의 미덕은 겸손이다. • 129

● **Part 3 _ 성과를 내기 위한 마인드셋** 131p

삶에서 성과를 이루기 위해서는 특별한 마인드셋이 필요합니다.
열다섯 가지 이야기가 당신을 성공과 성취의 길로 이끌어줄 것입니다.

58 계획이 없다는 것은 마치 실패할 계획을 가지고 있는 것과 같다. • 133
59 계획은 반드시 글로 써서 눈에 띄는 곳에 두어야 한다. • 135
60 꾸준함은 비범함을 이긴다. • 137
61 나보다 더 잘 하지 못하더라도 타인에게 위임할 수 있는 결단이 필요하다. • 139
62 변화는 불편함 속에서 시작된다. • 141
63 무언가를 시작하기에 완벽한 순간은 없다. 지금이 가장 좋은 때다. • 143
64 모든 사람을 만족시키려는 것은 매우 어리석다. • 145
65 자신의 강점에 집중하자. • 147
66 목표에는 반드시 명확한 기한이 있어야 한다. • 149
67 일과 개인 생활의 균형을 이루어야 한다. • 151
68 다양한 사람과의 네트워크를 쌓자. • 153
69 성공의 반대는 실패가 아니라 도전하지 않는 것! • 155
70 성공하고 싶다면, 이미 성공한 사람을 따라 해보는 것부터 시작해야 한다. • 157
71 아침에 일어나면 이불부터 꼭 개자. 작은 약속과 성공이 중요하다. • 159
72 틀릴 각오를 하지 않으면 아무것도 시도할 수 없다. • 161

● **Part 4 _ 행복과 교양 있는 삶** 163p

인생이라는 항해의 최종 목적지는 행복입니다.
행복을 가까이 두는 법과 나를 돋보이게 하는 교양을 쌓는 방법에 대한
열세 가지 이야기를 전해드립니다.

73 자신만의 구체적이고도 고유한 취향을 가져야 한다. • 165
74 배움과 성장에 대한 열린 마음을 가져야 한다. • 167
75 도움과 나눔의 삶을 살아가자. • 169
76 독서의 중요한 목적은 마음의 안정을 찾는 것이다. • 171
77 지속 가능한 취미를 가져야 한다. • 173
78 세상 그 어떤 일에도 유머는 필수다. • 175
79 매일 짧은 명상 시간을 가지자. • 177
80 외국어를 구사한다는 것은 두 번째 영혼을 가지는 것과 같다. • 179
81 영어 발음이 어색하더라도 기죽지 말자. 최소한 두 개 언어를 할 수 있다는 증거이다. • 181
82 절대 험담하지 말자. • 183

83 미소 짓는 연습을 하자. • 185
84 인생 최고의 투자는 공부다. • 187
85 좋아하는 시 한 편은 꼭 외워두자. • 189

● Part 5 _ 스트레스를 극복하는 법 ... 191p

스트레스를 극복하기 위한 기본적인 마음가짐과
실질적인 스트레스 관리 노하우 열다섯 가지를 배워보세요.

86 추억의 물건을 찾아서 보자. • 193
87 미래의 불안을 미리 겪지 말자. • 195
88 수면의 질과 양에 신경 쓰는 삶을 살아야 한다. • 197
89 번아웃에 대비해 준비해야 한다. • 199
90 산책의 힘은 생각보다 크다. • 201
91 생각에 그치지 말고, 반드시 글로 정리하는 습관을 가지자. • 203
92 낯선 길을 걸어보자. • 205
93 운동은 정신 건강을 위해서 반드시 필요하다. • 207
94 인간의 신체 중 유일하게 통제 가능한 신체 장기는 '폐'다. 스트레스가 오면 심호흡하자. • 209
95 정신적인 괴로움이 밀려오면 가만히 있지 말고 몸을 움직여라. • 211
96 취미로 악기 연주를 꼭 배워보자. • 213
97 타인의 평가에 지나치게 휘둘리지 말자. • 215
98 세상을 살다 보면 엉뚱한 일을 겪는 것도 자연스러운 일이다. • 217
99 자연 속에서 시간을 보내자. • 219
100 화가 났을 때는 이메일이나 메시지를 절대 보내지 말자. • 221

● Part 6 _ 영문 한글 번역 ... 223p

300개의 문장을 완벽히 이해하세요.
놀라운 영어 자신감이 생겨 있을 것입니다.
당신은 할 수 있습니다!

● Epilogue ... 248p

제 책을 읽어주신 모든 분들께 깊이 감사드립니다.

이 책과의 만남이 여러분의 삶을
긍정적인 방향으로 이끌고 용기를 낼 수 있는
소중한 기회가 되길 소망합니다.

- Jeff 강사 드림 -

삶을 대하는 태도

내 삶은 내가 가진 가장 소중한 선물입니다.

삶을 소중히 여기고 진심으로 사랑하며, 슬기롭게 살아가는 데 도움이 될

스물여덟 가지 이야기를 전해드립니다.

Part 1

Attitudes toward Life

28 Stories

01

Q) 내가 가지지 못한 것에 대한 불만이 있을 때는?

이미 내가 가진 것에 감사하자.

많은 사람들은 행복을 찾기 위해 끊임없이 더 많은 것을 추구한다. 그러나 우리가 자주 간과하는 중요한 사실은 이미 가지고 있는 것들에 대해 충분히 감사하지 않는다는 점이다. 아무리 작고 사소해 보일지라도, 가진 것에 대한 감사는 삶의 만족도를 크게 높이는 강력한 힘을 지니고 있다.

예를 들어, 가족과 함께하는 소중한 일상, 좋은 친구들과 나누는 따뜻한 대화, 아침에 건강한 몸으로 침대에서 일어나 스스로 활동할 수 있는 일상적인 순간들조차도 감사의 대상이 된다. 우리가 당연히 누리는 이러한 것들이 누군가에게는 그리워하고 부러워하는 일일 수 있다. 일상의 작은 기쁨을 의식적으로 인정하고 감사하는 순간, 마음은 더욱 풍요로워진다. 진정한 행복은 더 많은 것을 얻는 데서 비롯되는 것이 아니라, 이미 가지고 있는 것에 감사하는 데서 시작된다.

"이미 내가 가진 것에 감사하자."

◈ Let's be grateful for what we already have.

◈ Appreciate what you possess instead of focusing on what you lack.

◈ Gratitude for the present makes life richer and more meaningful.

Vocabulary

grateful: 감사하는 possess: 소유하다 focus on: ~에 집중하다
lack: 부족 present: 현재 richer: 더 풍요로운 meaningful: 의미 있는

Dialogue

A: I always feel like I need more to be happy.
B: It's easy to feel that way, but **sometimes appreciating what you already have can bring more joy.**
A: You're right. I'll try to focus on the positives I have now.

A: 나는 항상 더 많은 것을 가져야 행복할 수 있을 것 같은 기분이 들어.
B: 그런 생각이 들 수 있지. 하지만 때로는 이미 가진 것에 감사하는 것이 더 큰 기쁨을 가져다줄 수 있어.
A: 맞아. 내가 지금 가지고 있는 긍정적인 것들에 집중해보겠어.

Vocabulary

positive: 긍정적인 (cf. the positives: 긍정적인 것들, 긍정적인 면) joy: 기쁨

Q) 우리 인생 최대의 위기는 언제일까요?

인생에서 가장 큰 위기는 자신에 대한 믿음이 바닥을 칠 때이다.

자신에 대한 믿음은 인생의 모든 도전을 극복하는 근본적인 힘이다. 우리가 어떤 목표를 세우든, 그것을 실현하기 위해 가장 필요한 것은 스스로에 대한 신뢰다. 자신에 대한 믿음이 부족하면, 사소한 일조차 어렵게 느껴지고 실패에 대한 두려움이 커지기 마련이다. 반면, 자신을 믿는 마음이 있다면 아무리 거대한 도전도 극복할 용기가 생긴다.

인생의 위기가 닥쳤을 때 우리를 구원하는 것은 외부의 도움이나 환경이 아닌 내면의 믿음이다. 어떤 상황에서도 자신에 대한 믿음을 잃지 않는 것이 중요하다. 생각해 보면 매우 단순한 문제다. 내가 나를 못 믿는데 누가 나를 믿어주겠는가? 항상 나에 대한 신뢰를 잃지 않으려 노력하자.

"인생에서 가장 큰 위기는
자신에 대한 믿음이 바닥을 칠 때이다."

◆ The greatest crisis in life is when you lose faith in yourself.

◆ Losing self-confidence can lead to life's toughest challenges.

◆ No obstacle is greater than a lack of belief in oneself.

Vocabulary

greatest: 가장 큰 crisis: 위기 faith: 믿음 self-confidence: 자신감
obstacle: 장애물 belief: 믿음

Dialogue

A: Why do you think self-belief is so important?
B: **Because the greatest crisis in life happens when you lose faith in yourself.**
A: I agree. Without confidence, even small challenges feel overwhelming.

A: 왜 자기 자신에 대한 믿음이 그렇게 중요하다고 생각해?
B: 인생에서 가장 큰 위기는 자신에 대한 믿음을 잃을 때 발생하니까.
A: 동의해. 자신감이 없으면 작은 도전조차도 벅차게 느껴지지.

Vocabulary

self-belief: 자기 자신에 대한 믿음 important: 중요한 confidence: 자신감
challenge: 도전 overwhelming: 벅찬, 압도적인

03

Q) 최근 가장 맛있고 근사한 식사를 누구와 하셨나요?

가족은 항상 최우선이다.

우리는 일과 사회적 관계에 집중하다 보면 종종 가족의 소중함을 잊곤 한다. 하지만 인생에서 진정 중요한 것은 우리를 지지하고 사랑해 주는 가족과 함께하는 시간이다. 가족과 함께하는 순간은 서로의 유대를 강화하고, 삶의 안정감을 가져다주는 그 무엇과도 바꿀 수 없는 소중한 시간이다. 아무리 바쁘더라도 하루 중 잠시라도 가족과 함께하는 시간을 가져보자. 그것이 우리가 더욱 행복하고 균형 잡힌 삶을 사는 비결이다.

또한 최근에 가장 근사하고 맛있는 식사를 누구와 했는지 떠올려보자. 그때 만약 가족이 먼저 떠오르지 않는다면, 잠시 반성해 보자. 우리가 일상에서 소중한 사람들을 놓치고 있지는 않은지, 그들에게 충분한 관심을 기울이고 있는지 가끔은 돌아봐야 한다.

"가족은 항상 최우선이다."

◈ **Family always comes first.**

◈ **No matter how busy life gets, my family's well-being should be my priority.**

◈ **Strong family bonds provide support, love, and stability in our lives.**

> **Vocabulary**
>
> no matter how: 아무리 ~해도   well-being: 안녕, 행복   priority: 우선순위
> bond: 유대, 관계   stability: 안정

> **Dialogue**
>
> A: Why didn't you stay late at work today?
> B: I promised my family I'd have dinner with them.
> A: That's great. **Family always comes first. Family time is so important.**

A: 왜 오늘 일찍 퇴근했어?
B: 가족과 저녁을 먹기로 약속했거든.
A: 잘했네. 가족이 항상 최우선이 되어야 하지. 가족과의 시간은 정말 중요해.

> **Vocabulary**
>
> stay late: 늦게까지 머물다   work: 일, 직장   promise: 약속하다
> family time: 가족과의 시간   important: 중요한

> 삶에서 친절함은 생각보다 큰 힘을 발휘합니다.

작고 사소한 친절이
나 자신과 세상을 바꿀 수 있다.

친절은 타인에게 행복을 전달할 뿐만 아니라, 그것을 베푸는 사람에게도 행복을 가져다준다. 길을 묻는 이에게 친절히 길을 안내해 주는 일, 힘들어 보이는 동료에게 따뜻한 한마디를 건네는 일, 바쁜 일상 속에서 누군가의 이야기에 귀 기울이는 일 등 이런 사소한 행동들이 우리의 삶과 주변을 바꾸는 신비로운 힘을 가진다.

친절을 베풀 때마다 마음속에 따뜻한 감정이 생기고, 이는 자연스럽게 행복감을 키운다. 그리고 이 행복감은 지속적으로 쌓이며, 우리를 더 긍정적이고 따뜻한 사람으로 변화시킨다. 또한, 이러한 작은 친절은 씨앗처럼 사람들 사이에 퍼져나가 사회를 더 따뜻하고 배려하는 공간으로 만들어 간다.

04

"작고 사소한 친절이 나 자신과 세상을 바꿀 수 있다."

◆ Small acts of kindness can change the world, including towards ourselves.

◆ Kindness, even in the smallest form, can make a difference to both others and ourselves.

◆ Kindness, like a domino effect, can spread among people and transform the world into a warmer place.

Vocabulary

act: 행동   kindness: 친절   change: 바꾸다   world: 세상   including: ~을 포함하여
difference: 차이, 변화   overlook: 간과하다   power: 힘

Dialogue

A: How can we make a difference in the world?
B: **By doing small acts of kindness every day.**
A: That's true. Even the smallest gesture can have a big impact.

A: 우리가 세상에 변화를 일으키려면 어떻게 해야 할까?
B: 매일 작은 친절한 행동을 하면 돼.
A: 맞아. 아주 작은 행동 하나도 큰 영향을 미칠 수 있어.

Vocabulary

gesture: 제스처(몸짓, 사람이 말이나 행동으로 의사를 전달할 때 사용하는 손이나 팔 등의 신체 동작)   impact: 영향

긍정은 변화의 시작입니다.

긍정적인 생각은 나에게 기회를 가져다 준다.

인생에서 마주하는 도전은 우리가 예상하는 것보다 훨씬 더 많다. 때로는 어려운 상황에서 긍정적인 태도를 유지하는 것이 쉽지 않다. 하지만, 긍정적인 생각을 항상 품고 '할 수 있다'는 자신감을 가지려는 노력은 인생에서 매우 중요한 문제다.

물론 긍정적인 생각만으로 모든 일이 잘될 수는 없다. 그러나 긍정적인 마음가짐은 어떤 일을 해결하고 잘 수행할 수 있는 출발점이자, 스스로에게 기회를 주는 중요한 요소라는 사실을 기억해야 한다. 긍정적인 자기 확신이 없다면 우리는 결코 적극적으로 행동할 수 없기 때문이다. 기억하자. 긍정은 행동을 이끄는 변화의 시작이다.

"긍정적인 생각은 나에게 기회를 가져다 준다."

◆ Positive thinking brings new opportunities into our lives.

◆ When we focus on the good, we attract positive outcomes and possibilities.

◆ A positive mindset can open doors to success and growth.

Vocabulary

positive: 긍정적인   bring: 가져오다   opportunity: 기회   focus on: ~에 집중하다
attract: 끌어당기다   outcome: 결과   mindset: 사고방식   success: 성공
growth: 성장

Dialogue

A: Why do you always try to stay positive?
B: **Because positive thinking brings opportunities to me.**
A: That makes sense. A hopeful mindset can change everything.

A: 왜 항상 긍정적으로 생각하려고 해?
B: 긍정적인 생각이 기회를 가져다주니까.
A: 이해가 돼. 희망적인 마음가짐이 모든 걸 바꿀 수 있지.

Vocabulary

stay positive: 긍정적으로 유지하다, 긍정적으로 생각하다
hopeful: 희망적인   mindset: 마음가짐   change: 바꾸다

Q) 당신에게 올 기회를 맞이할 준비가 되었나요?

기회는 준비하는 사람에게만 온다.

기회는 우연히 찾아오는 것처럼 보이지만, 사실 그렇지 않다. 대부분의 기회는 우리가 준비가 되어 있을 때 비로소 의미를 갖는다. 준비되지 않은 상태에서 기회가 찾아오면, 그 기회는 오히려 부담으로 다가올 수 있다. 준비가 부족하면 기회를 제대로 활용하지 못하거나, 심지어 지금의 기회 다음의 더 큰 기회를 놓치게 될 위험도 있다. 준비가 되어 있을 때 기회는 우리의 능력과 역량을 발휘할 수 있는 진정한 기회가 된다. 기회가 왔을 때 그것을 잡을 수 있도록 꾸준히 준비하는 것이 중요하다.

기회는 준비된 사람에게 찾아오며, 그 기회를 활용하는 능력도 준비의 결과물임을 잊지 말자.

"기회는 준비하는 사람에게만 온다."

◆ Opportunities come only to those who are prepared.

◆ Being ready increases your chances of seizing opportunities when they arise.

◆ Preparation is the key to turning possibilities into success.

Vocabulary

opportunity: 기회 prepare: 준비하다 ready: 준비된 increase: 증가시키다
seize: 붙잡다 arise: 발생하다 key: 핵심 success: 성공

Dialogue

A: I feel like I've missed so many opportunities lately.
B: Maybe it's because you weren't fully prepared for them. **Start preparing now, and you'll be ready next time.**
A: That's true. I'll work on improving myself and staying ready for anything.

A: 최근에 많은 기회를 놓친 것 같아.
B: 아마도 네가 완전히 준비되지 않았기 때문일 거야. 지금부터 준비하면 다음에는 대비할 수 있을 거야.
A: 맞아. 나 자신을 발전시키고 어떤 상황이든 대비할 수 있도록 준비해야겠어.

Vocabulary

fully: 완전히 improve: 향상시키다 stay: 유지하다

07

Q) 지금 많이 어려운 시기라면 새벽을 떠올려보세요.

동이 트기 전이 가장 어둡다.

우리 삶에서 가장 힘든 순간 중 하나는 보통 큰 실패를 경험한 뒤 새로운 시작을 준비할 때다. 많은 사람들이 실패와 어려움 속에서 절망하지만, 그 실패는 실력을 쌓고 새로운 가능성을 발견할 기회가 될 수도 있음을 기억해야 한다. 큰 실패를 겪은 뒤 사람은 더 강해지고, 더 현명한 선택을 할 수 있게 된다.

어둠 속에서도 희망을 놓지 않는다면 반드시 빛을 마주하게 된다. '동트기 전이 가장 어둡다'라는 말은 어려운 상황에서도 포기하지 말고, 희망을 품으라는 의미를 담고 있다. 예외는 없다. 누구에게나 기회는 오기 마련이며, 실력을 갈고 닦으며 준비가 되었을 때 인생의 새벽은 반드시 밝아온다.

"동이 트기 전이 가장 어둡다."

◆ The darkest hour is just before dawn.

◆ Tough times often precede better days, so hold on and stay hopeful.

◆ Even in the darkest moments, light is closer than it seems.

Vocabulary

darkest: 가장 어두운　hour: 시간　dawn: 새벽　tough: 힘든　precede: 앞서다
hopeful: 희망적인　light: 빛　closer: 더 가까운

Dialogue

A: I feel like nothing is going right in my life right now.
B: **Remember, the darkest hour is just before dawn.** Things will get better soon.
A: Thanks for reminding me. I'll try to stay positive and keep moving forward.

A: 지금 내 삶에 아무것도 잘 풀리는 게 없는 것 같아.
B: 동트기 전이 가장 어두운 법이야. 곧 나아질 거야.
A: 상기시켜줘서 고마워. 긍정적인 마음을 유지하며 앞으로 나아가도록 노력할게.

Vocabulary

positive: 긍정적인　move forward: 앞으로 나아가다

Q) 혹시 지금 주변 정리가 잘 되어 있나요?

머리가 복잡하면 책상 정리부터!

때로는 우리의 머릿속이 너무 어지러워 어떤 일도 손에 잡히지 않을 때가 있다. 이런 순간에는 생각을 억지로 정리하려고 애쓰는 대신, 주변을 정돈하는 것이 효과적일 수 있다. 책상 정리나 방 정리를 통해 눈에 보이는 혼란을 줄이면, 자연스럽게 마음의 혼란도 가라앉는다.

이 과정은 단순히 물건을 정리하는 것을 넘어, 생각을 체계적으로 정리하는 데 도움을 준다. 깨끗하고 정돈된 환경은 집중력을 높이고, 새로운 동기를 부여하기도 한다. 그러므로 머리가 복잡할 때는 책상 정리부터 시작해 보자. 정리된 공간은 곧 정리된 마음으로 이어지며, 지금 하려고 하는 일의 효율성을 높인다.

"머리가 복잡하면 책상 정리부터!"

◆ When your mind feels cluttered, start by tidying up your surroundings.

◆ Cleaning your space can help clear your thoughts and regain focus.

◆ A tidy environment often leads to a more organized mind.

Vocabulary

mind: 마음, 머리 cluttered: 어지러운 tidy up: 정리하다 surrounding: 주변 환경
clear: 맑게 하다 regain: 되찾다 focus: 집중 organized: 정돈된

Dialogue

A: I've been so overwhelmed with everything lately. I can't think straight.
B: **Start by organizing your space.** It can make a huge difference in your mindset.
A: That's a good idea. I'll clean my desk and see if it helps.

A: 요즘 너무 정신없어서 아무 생각도 정리가 안 돼.
B: 주변부터 정리해봐. 생각을 정리하는 데 큰 도움이 될 거야.
A: 좋은 생각이야. 책상부터 정리해 보고, 그게 도움이 되는지 한번 볼게.

Vocabulary

overwhelmed: 압도된 think straight: 명확히 생각하다 organize: 정리하다
difference: 차이 mindset: 사고방식

Q) 원인을 알아야 해결책을 찾을 수 있겠죠?

모든 일에는 반드시 원인이 있다.

우리가 겪는 모든 일에는 반드시 그 나름의 원인과 결과가 존재한다. 좋은 일이든 나쁜 일이든, 그 배경에 숨겨진 이유를 파악하는 것이 중요하다. 원인을 제대로 이해하는 순간, 우리는 단순히 상황을 파악하는 것에서 벗어나, 미래의 방향을 정할 수 있는 중요한 통찰을 얻게 된다.

그럼에도 불구하고 많은 사람들은 일이 잘못되었을 때 그 원인을 깊이 분석하기보다는, 단순히 그 일에 대한 표면적인 해결책을 찾는 데 급급해하는 경향이 있다. 그러나 진정으로 중요한 것은 원인을 철저히 분석하고, 그로부터 얻은 교훈을 바탕으로 미래에 더 나은 선택을 하는 것임을 잊지 말자.

"모든 일에는 반드시 원인이 있다."

- **Everything happens for a reason.**
- **Every event has a cause that leads to its outcome.**
- **Understanding the cause helps us learn and grow from every experience.**

Vocabulary

everything: 모든 것 happen: 일어나다 reason: 이유 event: 사건
cause: 원인 outcome: 결과 understanding: 이해 experience: 경험

Dialogue

A: I can't believe I failed the test.
B: Don't worry. **There's always a reason for failure.** Figure out what went wrong and improve for next time.
A: You're right. I'll review my mistakes and prepare better.

A: 시험에서 떨어졌다는 게 믿기지 않아.
B: 걱정 마. 실패에는 항상 이유가 있어. 무엇이 잘못됐는지 파악하고 다음을 위해 개선하면 돼.
A: 맞아. 실수를 다시 돌아보고 더 잘 준비해야겠어.

Vocabulary

believe: 믿다 fail: 실패하다 failure: 실패 figure out: 알아내다 review: 복습하다 mistake: 실수 prepare: 준비하다

Q) 전혀 새로운 아이디어가 필요할 때는?

새로운 생각을 떠올리기 위해서는 여행이 반드시 필요하다.

새로운 생각을 위해서는 여행이 필요하다. 일상적인 틀에 갇혀 있을 때 우리는 창의적인 아이디어나 새로운 관점을 얻기 어렵다. 그러나 여행을 떠나 새로운 환경과 문화를 접하면 기존의 사고방식을 깨고 새로운 시각을 얻을 수 있다. 생각보다 인간은 환경의 영향을 많이 받는 존재임을 잊지 말자.

여행은 단순히 시간을 보내고 휴식하는 것 이상의 의미를 가진다. 그것은 우리의 마음을 열어주고, 새로운 아이디어와 창의성을 발휘하게 만드는 중요한 촉매제가 된다. 다양한 환경에서 얻는 자극은 문제를 새로운 방식으로 해결할 수 있는 기회를 제공한다. 때로는 익숙한 곳을 떠날 때 자기 한계를 넘어 중요한 통찰을 얻는 계기가 되기도 한다. 무언가 꽉 막힌 느낌이 든다면 환경을 한번 바꿔 볼 필요가 있다. 여행은 환경을 바꿔 볼 수 있는 소중한 기회가 된다.

**"새로운 생각을 떠올리기 위해서는
여행이 반드시 필요하다."**

◆ Travel is essential for new ideas and perspectives.

◆ Stepping out of your routine and experiencing new places opens your mind to fresh concepts.

◆ Travel provides the opportunity to break free from your usual way of thinking and find inspiration in unfamiliar surroundings.

Vocabulary

travel: 여행 essential: 필수적인 routine: 일상 experience: 경험하다 open: 열다
mind: 마음 fresh: 새로운 concept: 개념 break free: 벗어나다 inspiration: 영감
surrounding: 환경

Dialogue

A: I feel like I've been stuck in the same routine lately, and my ideas are getting stale.
B: Maybe you need a change of scenery. **Travel can open your mind and help you think in new ways.**
A: That's a great idea! When creativity is needed, travel can be the solution.

A: 요즘 똑같은 일상에 갇힌 느낌이라 아이디어도 고여가는 것 같아.
B: 환경을 바꿔보는 게 필요할지도 몰라. 여행은 새로운 생각을 열어줄 수 있어.
A: 좋은 생각이야! 창의력이 필요할 땐 여행이 해결책이 될 수 있어.

Vocabulary

stuck: 갇힌 stale: 신선하지 않은 change of scenery: 환경 변화 spark: 불러일으키다 creativity: 창의성

Q) 성공과 실패의 차이는?

성공과 실패의 사이에는 포기만이 있을 뿐이다.

성공과 실패의 차이는 단순하다. 바로 포기하는가, 계속 나아가는가의 차이다. 많은 사람들이 도전에 부딪히거나 실패를 경험하면 쉽게 포기하고 만다. 하지만, 그때 포기하지 않고 계속해서 나아가는 사람만이 결국 성공을 거두게 된다.

우리가 겪는 실패는 그 자체로 끝이 아니다. 실패는 하나의 과정일 뿐이다. 중요한 것은 그 실패를 어떻게 받아들이고, 그로부터 무엇을 배울 수 있는가이다. 성공의 비결은 바로 꾸준히 나아가는 데 있다. 성공과 실패 사이에는 '포기'라는 다리가 놓여 있다. 그 다리를 과감히 건너갈지, 아니면 포기하고 되돌아갈지를 결정하는 그 순간이 바로 우리의 인생을 바꾸는 중요한 전환점이 된다.

"성공과 실패의 사이에는 포기만이 있을 뿐이다."

◆ Between success and failure, there is only giving up.

◆ The difference between success and failure often comes down to not quitting.

◆ The key to achieving success lies in continuing forward, even when faced with challenges, rather than giving up.

Vocabulary

between: 사이 success: 성공 failure: 실패 give up: 포기하다
difference: 차이 come down to: 결국 ~에 이르다, ~에 달려있다 quit: 그만두다, 포기하다
key: 핵심 achieve: 성취하다 continue: 계속하다 forward: 앞으로 challenge: 도전

Dialogue

A: I feel like I'm failing, and I'm thinking about giving up.
B: Don't give up just yet. **The difference between success and failure is simply not quitting.**
A: You're right. I just need to keep pushing forward.

A: 난 실패한 것 같아서, 포기할까 생각 중이야.
B: 아직 포기하지 마. 성공과 실패의 차이는 단지 포기하지 않는 것에 달려 있어.
A: 맞아, 계속 밀고 나가야겠어.

Vocabulary

feel like: ~처럼 느끼다 just yet: 지금 당장은 keep pushing forward: 계속 밀고 나가다

Q) 성공의 가장 중요한 요소는 무엇일까요?

성공은 명확하고
제대로 된 목표에서 만들어진다.

성공을 이루기 위한 가장 중요한 요소는 목표 설정이다. 목표가 없는 것은 지도 없는 항해와 같다. 목표를 설정할 때 꼭 기억해야 할 점은 목표는 명확하고 구체적이어야 한다는 것이다. 목표가 흐릿하거나 애매하다면, 우리는 올바른 방향으로 나아가기도 전에 길을 잃기 쉽다.

명확한 목표는 우리가 가야 할 길을 분명히 비춰 주며, 실행 가능한 행동 계획을 수립할 수 있게 돕는다. 잊지 않아야 한다. 성공의 첫걸음은 언제나 분명한 목표에서 시작되며, 그 목표가 선명할수록 더욱 확실한 성취를 이룰 가능성이 높아진다는 점이다.

"성공은 명확하고 제대로 된 목표에서 만들어진다."

◆ Success is made from clear and properly set goals.

◆ Clear and well-defined goals are the foundation of success.

◆ Success begins when you have a clear and properly set goal in mind.

Vocabulary

success: 성공 be made from: ~에서 만들어지다 clear: 명확한 properly: 제대로
set: 설정된 goal: 목표 foundation: 기초 well-defined: 잘 정의된 mind: 마음

Dialogue

A: I'm not sure how to reach my goals.
B: **The key to success is having clear and well-defined goals.**
 Without that, you might be working hard but going in the wrong direction.
A: That makes sense. I'll focus on setting clear goals from now on.

A: 내 목표를 어떻게 이룰지 잘 모르겠어.
B: 성공의 열쇠는 명확하고 잘 정의된 목표를 설정하는 거야. 목표가 없으면 넌 열심히 노력은 하지만 잘못된 방향으로 갈 수 있어.
A: 그 말이 맞아. 앞으로 명확한 목표를 설정하는 데 집중해 볼게.

Vocabulary

reach: 도달하다 key to success: 성공의 열쇠 without: ~ 없이
work hard: 열심히 일하다 go in the wrong direction: 잘못된 방향으로 가다

> 아주 단순합니다. 내가 싫으면 다른 사람도 싫습니다.

내가 원하지 않는 일은 다른 사람에게도 하지 말자.

우리는 일상에서 스스로 겪기 싫은 일을 타인에게도 겪게 해서는 안 된다. 누군가가 나에게 무례하게 행동하면 불쾌함이 밀려오고, 그 행동은 나에게 상처를 남긴다. 그런데 만약 내가 똑같이 타인에게 무례하게 굴면, 그 역시 같은 상처를 입을 것이다.

서로를 존중하는 태도는 우리의 관계를 건강하게 유지하는 중요한 기본이다. 무례한 행동은 다른 사람에게 불쾌감을 줄 뿐만 아니라, 결국 나 자신도 그로 인해 부정적인 영향을 받을 수 있다는 점을 기억해야 한다. 타인을 대할 때, 그의 입장에서 어떻게 느껴질지를 먼저 생각하는 것이 중요하다. 작은 배려가 더 나은 관계를 만든다.

"내가 원하지 않는 일은 다른 사람에게도 하지 말자."

◈ Don't do to others what you wouldn't want done to yourself.

◈ Treat others the way you would want to be treated.

◈ If you don't like something happening to you, don't do it to others.

Vocabulary

do: 하다   others: 다른 사람들   treat: 대접하다, 대하다
like: 좋아하다   happen: 일어나다, 발생하다

Dialogue

> A: How should we treat others?
> B: **We should treat others the way we want to be treated.**
> A: Right. If we don't want something done to us, we shouldn't do it to others.

A: 우리는 다른 사람을 어떻게 대해야 할까?
B: 우리는 다른 사람을 우리가 대접받고 싶은 대로 대해야 해.
A: 맞아. 우리가 어떤 일이 일어나기를 바라지 않는다면, 다른 사람에게도 하지 말아야지.

Vocabulary

right: 옳은, 올바른

> 생각만 잔뜩하는건 아닌지 항상 반성해야 합니다.

실천없는 열정은 공상일뿐이다.

대부분의 사람은 열정을 가지고 많은 생각을 한다. 하지만 결국 아무것도 변하지 않는다. 열정은 인생을 변화시킬 수 있는 강력한 힘이지만, 그것만으로는 아무것도 이루어지지 않는다. 열정보다 중요한 건 행동이다. 열정이 아무리 강해도 행동이 없다면 그것은 단지 공상에 불과하다. 목표를 이루기 위해서는 그 열정을 실제로 행동으로 옮겨야 한다.

열정을 행동으로 옮기기 위해 필요한 것은 명확한 계획과 작은 실천이다. 막연한 열정은 방향을 잃기 쉽다. 목표를 최대한 구체적이고 현실적으로 설정하고, 실천할 사항을 리스트화하여 명확히 정하면 무엇을 해야 할지가 분명해진다.

"실천없는 열정은 공상일뿐이다."

◈ **Passion without action is just fantasy.**

◈ **Without execution, passion remains an idle dream.**

◈ **Action is what turns passion into real success.**

Vocabulary

passion: 열정 without: ~ 없이 action: 실천 fantasy: 공상 execution: 실행
remain: 남다 idle: 한가한, 활동하지 않는 dream: 꿈 real success: 진정한 성공

Dialogue

A: I have so many ideas, but I don't know where to start.
B: That's great, but **remember that passion without action is just fantasy.** You need to start working on it.
A: You're right. I'll take the first step today.

A: 나는 아이디어가 많지만 어디서부터 시작해야 할지 모르겠어.
B: 그건 멋지지만, 실천 없는 열정은 공상일 뿐이라는 걸 기억해.
　이제 그걸 실행해야 해.
A: 맞아. 오늘 첫 걸음을 내디딜게.

Vocabulary

remember: 기억하다 work on: 실행하다
take the first step: 첫 걸음을 내딛다

15

Q) 아기가 걷기까지 얼마나 많이 넘어질까요?

아기가 걷기까지 얼마나 많은 실패를 겪는 지 기억하자.

우리는 어릴 적 누구나 위대한 도전가였다. 아기가 첫걸음을 떼기 위해서는 수많은 실패를 겪어야 한다. 처음에는 넘어지고 또 넘어져 상처를 입기도 하지만, 결국 다시 일어나서 걷기를 시도한다. 이 과정에서 아기는 점차 걷는 데 필요한 힘을 얻고, 자신감을 쌓아가며 걷는 법을 배우게 된다.

우리의 삶도 마찬가지다. 걷기 위해 넘어져야 하듯 무언가를 성취하기 위해 실패를 피할 방법은 없다. 예외 없이 누구나 실패를 경험한다. 실패는 성장의 일부이며, 그것을 어떻게 받아들이느냐에 따라 결국 성공적인 결과를 얻을 수 있다. 실패를 두려워하지 말고, 그것을 통해 배우고 계속 나아가자. 포기하지 않는 꾸준함은 반드시 성과를 가져다준다.

"아기가 걷기까지 얼마나 많은 실패를 겪는 지 기억하자."

◆ Remember how many failures a baby experiences before walking.

◆ Every step of success is built on numerous failures along the way.

◆ Failure is simply a part of the learning process; it's necessary to grow.

Vocabulary
remember: 기억하다 failure: 실패 walking: 걷기
step: 걸음 success: 성공 be built on: ~에 기반을 두다 numerous: 많은
along the way: 그 과정에서 learning process: 학습 과정 necessary: 필요한
grow: 성장하다

Dialogue

A: I keep failing at this task, and I'm starting to get frustrated.
B: Remember **how many failures a baby experiences before walking.** It's all part of the process!
A: You're right. I'll keep trying, it's all about learning from each mistake.

A: 이 일을 계속 실패하고 있어, 이제 점점 짜증이 나.
B: 아기가 걷기까지 얼마나 많은 실패를 겪는지 기억해. 모든 게 그 과정의 일부야!
A: 맞아. 계속 도전할 거야, 실수로부터 배우는 게 가장 중요 한거지.

Vocabulary
task: 일, 과제 frustrated: 좌절한 part of the process: 과정의 일부
learn from: ~에서 배우다 mistake: 실수 it's all about~: 가장 중요한 것은 ~이다

Q) 양털은 왜 추운 겨울 직전에 깎을까요?

양털은 추운 겨울이 오기 직전에 깎는다.

양털을 깎는 시기는 추운 겨울이 오기 직전이다. 왜 하필 겨울 직전에 양털을 깎을까? 그 이유는 양의 생명을 보호하기 위해서다. 양은 털을 미리 깎아야 새로 돋아난 단단한 털로 추운 겨울을 대비할 수 있다고 한다. 또한, 털을 깎는 과정에서 추위에 조금씩 적응한 양은 본격적인 혹한이 닥쳤을 때 더 잘 견딜 수 있다. 이러한 준비가 부족한 양은 혹한을 버티기 어렵다.

우리의 삶도 이와 같다. 인생의 어려운 시기를 맞이하기 전에 철저히 준비하는 것이 중요하다. 예상치 못한 상황에 대비해 필요한 지식과 자원을 미리 쌓고, 자신을 단단히 단련해야 한다. 아무리 혹독한 겨울이 찾아와도 준비된 사람은 그것을 극복할 힘과 자신감을 갖게 된다.

16

강의 듣기

"양털은 추운 겨울이 오기 직전에 깎는다."

◆ Wool is sheared just before the cold winter arrives.

◆ The best time to prepare for challenges is just before they happen.

◆ Like sheep are sheared before winter, we should prepare ourselves in advance for difficulties.

Vocabulary

wool: 양털 shear: 깎다 before: ~ 전에 cold: 추운 winter: 겨울
arrive: 도착하다 best time: 가장 좋은 시간 prepare: 준비하다 challenge: 도전
happen: 발생하다 difficultie: 어려움

Dialogue

A: I'm feeling unprepared for the challenges ahead.
B: Remember, **wool is sheared just before the cold winter arrives.** It's best to prepare in advance.
A: I understand. I'll start preparing now, before things get too difficult.

A: 나는 다가올 도전(어려움)에 준비되지 않은 것 같아.
B: 양털은 추운 겨울이 오기 직전에 깎인다는 걸 기억해. 미리 준비하는 게 가장 좋아.
A: 이해했어. 상황이 너무 어려워지기 전에 지금부터 준비할게.

Vocabulary

feel: 느끼다 unprepared: 준비되지 않은 ahead: 앞에, 다가오는
things get too difficult: 일이(상황이) 너무 어려워지다

Q) 혹시 여행을 주저하고 계신가요?

여행이란 대부분 용기의 문제다.

여행은 그 자체로 많은 용기를 요구하는 도전이다. 떠나기 전 일상의 삶을 잠시 멈춰야 하는 것 또한 많은 용기가 필요하다. 또한 낯선 곳을 탐험하는 것은 때로 두렵고 불안할 수 있다. 하지만 여행의 진정한 가치는 그 두려움을 극복하는 것에 있다. 처음에는 일상을 벗어난 낯선 환경이 불안할 수 있지만, 시간이 지나면서 점차 새로운 경험과 사람들을 만나게 되고, 이는 나의 시야를 넓혀준다.

때로 여행은 나의 한계를 시험하고, 내면의 두려움을 마주하게 해준다. 결국 용기를 내어 여행을 떠나는 사람은 더 큰 성장과 배움을 얻게 된다. 어떻게 보면 여행이란 단순히 장소를 이동하는 것이 아니라, 용기와 자신감을 기르는 여정이라 할 수 있다.

"여행이란 대부분 용기의 문제다."

◈ Travel is mostly a matter of courage.

◈ Stepping out of your comfort zone to explore new places requires bravery.

◈ The real challenge of traveling lies in overcoming your fear of the unknown.

Vocabulary

travel: 여행 matter: 문제 courage: 용기 step out: 벗어나다 comfort zone: 편안한 구역
explore: 탐험하다 require: 요구하다 bravery: 용기 real challenge: 진정한 도전
overcome: 극복하다 fear: 두려움 unknown: 미지의

Dialogue

A: I've always wanted to travel, but I'm too scared to go alone.
B: **Travel is mostly a matter of courage.** You'll never know what you're missing until you take that first step.
A: You're right. I need to push through my fear and just go for it.

A: 나는 항상 여행을 가고 싶었지만 혼자 가는 게 너무 두려워.
B: 여행이란 대부분 용기의 문제야. 첫발을 내디딘 후에야 네가 무엇을 놓치고 있는지 알게 될 거야.
A: 맞아. 두려움을 극복하고 과감히 도전해 볼 필요가 있어.

Vocabulary

scared: 두려운 miss: 놓치다 take that first step: 첫 발을 내디디다
push through: 극복하다 go for it: 과감히 도전하다, 한번 해보다

Q) 용서는 누구를 위한 것일까요?

용서는 나 자신을 위한 것이다.

우리가 다른 사람에게 받은 상처나 배신에 대해 원한을 품고 있으면, 그 감정은 결국 나 자신에게 더 큰 해를 끼친다. 분노와 원한은 우리를 갉아먹으며, 삶의 즐거움과 에너지를 앗아간다. 마음속에 크고 무거운 짐을 지고 살아가는 것과 마찬가지다.

용서는 그 무거운 짐을 내려놓게 해준다. 용서를 통해 우리는 과거의 감정에 얽매이지 않고, 마음의 평화를 찾을 수 있다. 결국 용서는 나를 위한 치유의 과정이다. 용서할 때, 더 나은 삶을 살 수 있는 기회를 얻게 된다.

"용서는 나 자신을 위한 것이다."

◆ Forgiveness is for myself.

◆ Letting go of anger and resentment allows me to heal and move forward.

◆ Holding onto grudges only harms me, while forgiveness frees my mind and soul.

Vocabulary

forgiveness: 용서 myself: 나 자신 let go: 놓아주다 anger: 분노 resentment: 분개
allow: 허락하다 heal: 치유하다 move forward: 앞으로 나아가다
hold onto: 붙잡다 grudge: 원한 harm: 해를 끼치다 free: 자유롭게 하다
mind: 마음 soul: 영혼

Dialogue

A: I'm still angry at what they did to me.
B: Remember, **forgiveness is for yourself.** Letting go of that anger will allow you to heal.
A: I've been holding onto it for too long. I think it's time to forgive.

A: 나는 아직도 그들이 내게 한 일에 대해 화가 나 있어.
B: 기억해, 용서란 결국 나를 위한 거야. 그 분노를 놓아주면 너도 치유될 수 있어.
A: 너무 오랫동안 이걸 붙잡고 있었어. 이제 용서할 때가 된 것 같아.

Vocabulary

angry: 화가 난 let go: 놓아주다 heal: 치유하다 time to forgive: 용서할 시간

> 과정의 중요성을 잊으면 안됩니다.

무엇을 성취했는지가 아니라, 그것을 어떻게 성취했는지가 중요하다.

많은 사람들이 성공의 결과에만 집중하지만, 그 과정에서 우리가 겪은 노력과 경험이야말로 진정한 가치를 지닌다. 그 노력과 경험은 우리를 멈추지 않고 더 나아가게 하는 원동력이 된다. 원하는 목표를 달성하는 것은 중요하지만, 그 목표를 향해 나아가는 여정에서 우리는 더 많은 것을 배운다는 사실을 잊어서는 안 된다.

과정에서의 배움은 단순히 기술이나 지식에 그치지 않는다. 인내심, 문제 해결 능력, 그리고 실패를 극복하는 법과 같은 삶의 중요한 교훈이 바로 그 과정 속에서 얻어진다. 또한, 과정에서 만나는 사람들과의 교류, 새로운 시각을 받아들이는 경험은 우리의 인격을 더욱 풍요롭게 하고, 더 나은 사람이 될 수 있는 기회를 제공한다.

"무엇을 성취했는지가 아니라,
그것을 어떻게 성취했는지가 중요하다."

◆ What matters in life is not what you achieve, but how you achieve it.

◆ The process of achieving is often more important than the achievement itself.

◆ Success is not defined solely by the outcome, but by the journey you take to get there.

Vocabulary

matter: 중요하다 life: 인생 achieve: 성취하다 process: 과정 outcome: 결과
journey: 여정

Dialogue

A: What do you think is most important in life?
B: I believe what matters is not the achievement itself, but how we achieve it.
A: I agree. It's the journey that teaches us the most.

A: 인생에서 가장 중요한 것은 무엇일까?
B: 나는 중요한 것은 성취 그 자체가 아니라, 어떻게 성취하는지가 중요하다고 생각해.
A: 나도 동의해. 목표로 가는 여정이 우리에게 가장 많은 것을 가르쳐 주니까.

Vocabulary

believe: 믿다 agree: 동의하다 journey: 여정 teache: 가르친다

Q) 완벽하지 않음을 인정해야 하는 이유는?

인간은 누구나 완벽하지 않다.

　우리는 모두 고유한 장점과 단점을 지닌 존재로, 누구나 실수하고 실패하는 경험을 겪는다. 완벽을 추구하는 것이 문제는 아니지만, 완벽을 목표로 삼고 자신이 불완전하다는 사실을 부정하는 태도는 성장의 걸림돌이 될 수 있다.

　완벽보다는 자신의 부족함을 인정하고 그 안에서 배우며 발전하는 것이 중요하다. 실패와 불완전함을 받아들이는 과정에서 우리는 진정으로 성장할 수 있다. 또한, 타인과 비교하기보다는 자신만의 속도로 나아가는 것이 중요하다. 나보다 더 나아 보이거나 완벽해 보이는 사람들도 결국 불완전한 한 인간일 뿐이다. 자신의 불완전함을 인정하고 겸허히 받아들이는 태도가 우리를 더 나은 사람으로 만드는 초석이 된다.

"인간은 누구나 완벽하지 않다."

◆ No one is perfect.

◆ Embracing our imperfections allows us to grow and become better versions of ourselves.

◆ Perfection is an unrealistic goal, and accepting flaws is key to finding peace and happiness.

Vocabulary

perfect: 완벽한 embrace: 받아들이다 imperfection: 결점 grow: 성장하다
version: 버전 unrealistic: 비현실적인 flaw: 결점 key: 핵심 peace: 평화
happiness: 행복

Dialogue

A: Why do people sometimes feel like they have to be perfect?
B: Because society often expects it, but **no one is perfect**.
A: That's true. Everyone has flaws.

A: 왜 사람들은 가끔 완벽해야 한다고 느낄까?
B: 사회가 종종 그렇게 기대하기 때문이지만, 누구도 완벽하지 않지.
A: 맞아. 모든 사람은 결점을 가지고 있어.

Vocabulary

feel: 느끼다 expect: 기대하다

> 바꿀 수 없는 일은 마음에 남겨둬서는 안 됩니다.

인간이 저지르는 가장 바보같은 짓은 바꿀 수 없는 과거의 일을 후회하는 것이다.

과거에 대해 후회하는 것은 불필요한 시간 낭비일 뿐이다. 우리는 누구나 실수를 하며, 그 실수를 되돌릴 수 없다는 사실을 인정해야 한다. 후회는 아무것도 해결하지 못하며, 우리를 과거에서 헤어 나오지 못하게 한다.

인생에서 중요한 것은 과거에 머무는 것이 아니라, 현재를 최선으로 살아가며 앞으로 나아가는 것이다. 과거의 실수는 교훈으로 삼을 수 있지만, 그것이 삶 전체를 지배하게 해서는 안 된다. 이미 지나간 일에 집착하기보다는, 지금 이 순간에 집중하며 앞으로의 길을 준비해야 한다. 인간이 통제할 수 있는 건 과거나 미래의 일이 아닌 오로지 현재임을 잊지 말자.

> "인간이 저지르는 가장 바보같은 짓은
> 바꿀 수 없는 과거의 일을 후회하는 것이다."

◆ The biggest foolish thing a human can do is regret the things in the past that cannot be changed.

◆ Dwelling on past mistakes only hinders personal growth and wastes precious time.

◆ It's important to focus on what can be done in the present rather than lamenting over the past.

Vocabulary

foolish: 바보 같은 regret: 후회하다 past: 과거 change: 바꾸다
dwell: 거주하다 mistake: 실수 hinder: 방해하다
personal growth: 개인적 성장 waste: 낭비하다 precious: 소중한
lament: 슬퍼하다 present: 현재 difficulty: 어려움

Dialogue

A: I can't stop thinking about the mistakes I made in the past.
B: **The biggest foolish thing you can do is regret the things that can't be changed.**
A: You're right. I should focus on making the most of the present instead.

A: 나는 과거에 했던 실수들에 대해 계속 생각하고 있어.
B: 바꿀 수 없는 과거의 일을 후회하는 것은 가장 바보 같은 짓이야.
A: 네 말이 맞아, 나는 대신 지금 이 순간을 최대한 활용하는 데 집중해야겠어.

Vocabulary

stop: 멈추다 think about: ~에 대해 생각하다 mistake: 실수
regret: 후회하다 change: 바꾸다 make the most of~: ~을 최대한 활용하다

Q) 무언가에 도전하기에 늦었다고 생각하시나요?

인생에서 결코 늦은 때란 없다.

인생에서 어떤 일도 시작하기에 늦은 때란 없다. 나이나 상황 때문에 기회가 지나갔다고 느낄 수 있지만, 가장 중요한 것은 시작하려는 마음가짐이다. 무엇을 도전하든, 핵심은 시작한 시점이 아니라 그 일을 꾸준히 이어가는 노력과 끈기다.

많은 사람들이 이미 늦었다는 이유로 도전을 포기한다. 그러나 진정한 실패는 시도조차 하지 않는 데 있다. 시간은 멈추지 않으며, 늦었다고 생각할 때가 오히려 가장 빠른 시기가 될 수 있다. 변화는 언제나 시작하는 용기에서 비롯된다는 사실을 잊지 말자.

"인생에서 결코 늦은 때란 없다."

◆ There is no time in life when it is too late.

◆ No matter your age, it's always possible to start something new and make a change.

◆ The key to success is not when you start, but the effort you put in from this moment on.

> **Vocabulary**
> never: 결코 too late: 너무 늦은 possible: 가능한 start: 시작하다
> make a change: 변화를 일으키다 key: 핵심 effort: 노력 put in: 들이다
> moment: 순간

> **Dialogue**
>
> A: I feel like it's too late to change careers at my age.
> B: **There is no time in life when it is too late.** If you're willing to put in the effort, you can start anytime.
> A: That's true! I shouldn't limit myself by my age.

A: 내 나이에 경력을 바꾸기엔 너무 늦은 것 같아.
B: 인생에서 결코 늦은 때란 없어. 기꺼이 노력할 준비가 되어 있다면 언제든 시작할 수 있어.
A: 맞아! 나이로 나를 제한하지 말아야겠어.

> **Vocabulary**
> change career: 경력을 바꾸다 be willing to+동사원형: 기꺼이 ~하다
> limit: 제한하다

> Q) 인생은 왜 슬픈 것일까요?

인생은 슬프다. 한 번뿐이기에.

인생은 단 한 번뿐이기에, 슬픔과 아쉬움은 피할 수 없는 감정이다. 우리는 모두 시간이 유한하다는 사실을 알고 있다. 하지만 바로 그 짧음이 매 순간을 더욱 소중하게 만들어 준다. 시간이 흐르면서 많은 것을 놓치고, 지나간 선택을 후회할 때도 있을 것이다. 그러나 중요한 것은 과거가 아니라, 앞으로 우리가 어떤 선택을 하고 어떻게 살아가느냐다.

주어진 순간에 감사하며, 할 수 있는 일에 최선을 다하자. 그러다 보면 우리의 슬픔도 조금은 옅어지지 않을까?

"인생은 슬프다. 한 번뿐이기에."

◆ Life is sad because it only happens once.

◆ The brevity of life gives us a sense of urgency to make every moment count.

◆ Realizing that life is finite can help us appreciate its fleeting beauty.

Vocabulary

sad: 슬픈 happen: 일어나다 once: 한 번 brevity: 짧음
urgency: 긴박함 moment: 순간 count: 중요하다 finite: 한정된 appreciate: 감사하다
fleeting: 순식간의, 잠깐동안의, 덧없는 beauty: 아름다움

Dialogue

A: Life feels so short and sad sometimes, doesn't it?
B: Yes, it's the fact that life only happens once. That's why we need to cherish every moment we have.
A: You're right. It's about making the most of what we have before it's gone.

A: 가끔 인생이 정말 짧고 슬픈 것 같지 않아?
B: 맞아, 인생은 한 번뿐이어서 그런 것 같아. 그래서 우리는 지금 이 순간을 소중하게 여겨야 해.
A: 맞아. 우리가 가진 것이 사라지기 전에 그것을 최대한 활용하는 게 중요하겠네.

Vocabulary

short: 짧은 cherish: 소중히 여기다 make the most of~: ~을 최대한 활용하다
before it's gone: 그것이 사라지기 전에

모든 길에는 항상 오르막과 내리막이 있기 마련입니다.

인생은 산과 계곡이 이어지는 길이다.

산과 계곡이 어우러져 아름다운 풍경을 이루듯, 우리 인생도 기쁨과 어려움이 조화를 이루며 하나의 길을 만들어간다. 인생의 길은 언제나 예측할 수 없다. 때로는 가파르고 험난한 오르막이, 때로는 평탄하고 여유로운 길이 우리를 기다리고 있다. 하지만 중요한 것은 그 길을 걸으며 우리가 겪는 경험과 배움이다.

힘들고 어려운 순간들은 결코 헛되지 않다. 그 고비를 넘으며 우리는 더 성숙하고 강해지며, 이는 앞으로의 삶에 큰 자산이 된다. 인생의 다양한 길 속에서 포기하지 않고 끝까지 나아간다면, 그 끝에서 우리는 더욱 성장한 자신과 마주하게 될 것이다.

24

강의 듣기

"인생은 산과 계곡이 이어지는 길이다."

◆ Life is a path with mountains and valleys.

◆ There will be times when we climb to the peaks and times when we go through deep valleys.

◆ The journey is shaped by both the highs and the lows we experience.

Vocabulary

life: 인생 path: 길 mountain: 산들 valley: 계곡들 climb: 오르다
peak: 정점 deep: 깊은 journey: 여정 shape: 형성하다
highs: 높음(인생의 기쁘거나 성공적인 순간들)
lows: 낮음(인생의 힘들거나 어려운 순간들) experience: 경험하다

Dialogue

A: Why do you think life is like a path with mountains and valleys?
B: Although there are tough times, there are also moments of success and joy.
A: That's true. It's the highs and lows that make life meaningful.

A: 왜 인생이 산과 계곡이 이어지는 길 같다고 생각해?
B: 비록 힘든 시기도 있지만, 성공과 기쁨의 순간도 있잖아.
A: 맞아. 인생을 의미 있게 만드는 건 그 높고 낮은 순간들이야.

Vocabulary

tough times: 힘든 시기 moments: 순간 success: 성공 joy: 기쁨
meaningful: 의미 있는

Q) 나에게 가장 중요한 사람은 누구인가요?

가장 중요한 존중의 대상은 바로 나 자신이다.

타인에 대한 존중은 당연히 중요하다. 하지만, 무엇보다 그 누구보다 자신을 존중하는 것이 삶의 기본이 되어야 한다. 자신을 존중하지 않으면 다른 사람들과의 관계도 건강하게 유지하기 어렵고, 진정한 의미의 존중을 실천하기도 힘들어진다.

자기 존중은 단순히 자존감을 높이는 것을 넘어, 자신의 감정과 생각을 소중히 여기고 받아들이는 태도를 뜻한다. 스스로를 먼저 인정하고 존중할 때, 우리는 더 건강하고 자신감 넘치는 삶을 살 수 있다.

25

(강의 듣기)

"가장 중요한 존중의 대상은 바로 나 자신이다."

◆ The most important person to respect is yourself.

◆ If you don't respect yourself, it becomes difficult to gain respect from others.

◆ Self-respect is the foundation of building confidence and healthy relationships.

Vocabulary

important: 중요한 respect: 존중 yourself: 자신 difficult: 어려운 gain: 얻다
foundation: 기초 building: 구축 confidence: 자신감 healthy: 건강한
relationship: 관계

Dialogue

A: Why is self-respect so important?
B: **Without self-respect, it's hard to build confidence and gain respect from others.**
A: That makes sense. If you value yourself, others are more likely to value you too.

A: 자기 존중이 왜 그렇게 중요한 거야?
B: 자기 존중 없이는 자신감을 구축하거나 타인으로부터 존경을 얻기 어려워.
A: 맞는 말이야. 자신을 소중하게 여기면, 다른 사람들도 나를 더 소중하게 여길 거야.

Vocabulary

build: 구축하다 value: 소중히 여기다 likely: 가능성이 있는

> 상황은 바라보는 관점에 따라 전혀 다른 의미가 됩니다.

피할 수 없다면, 이 일이 내게 도움이 될거란 확신을 가지고 즐겨라.

인생에는 피할 수 없는 어려움과 불가피한 상황들이 있다. 아무리 애써도 마주해야 할 일이 있다면, 이를 받아들이고 긍정적인 태도로 임하는 것이 중요하다. 불편한 상황에 직면했을 때, 이를 어떻게 받아들이느냐에 따라 그 일이 우리에게 주는 의미가 완전히 달라질 수 있다.

힘든 순간을 성장의 기회로 바라보는 태도를 가져보자. 고난 속에서도 배울 점을 찾고, 긍정적인 면을 발견하려 노력해야 한다. 어려움을 극복하며 스스로를 발전시킬 방법을 모색한다면, 그 경험은 우리를 더 강하고 지혜로운 사람으로 만들어줄 것이다. 피할 수 없는 상황이라면, 그것을 '내 삶을 더욱 풍요롭게 해줄 경험'으로 바라보자. 그렇게 생각하는 것만으로도 마음이 가벼워지고, 어차피 해야 할 일이라면 보다 즐거운 마음으로 해낼 수 있을 것이다.

"피할 수 없다면, 이 일이 내게 도움이
될거란 확신을 가지고 즐겨라."

◆ If you can't avoid it, embrace it, but don't just enjoy it—
believe it will benefit your future.

◆ Learn to find meaning in what's unavoidable and trust it
will shape a better tomorrow.

◆ When faced with the inevitable, approach it with
confidence, seeing it as an investment in your future.

Vocabulary

avoid: 피하다 embrace: 받아들이다 benefit: 유익하다 future: 미래
unavoidable: 피할 수 없는 trust: 신뢰하다 shape: 형성하다 inevitable: 불가피한
investment: 투자

Dialogue

A: I really don't enjoy this project I've been assigned.
B: Think of it as a step toward your future. It might be helping you
in ways you can't see now.
A: You're right. I'll try to approach it with a more positive mindset.

A: 이번에 맡은 프로젝트가 정말 즐겁지 않아.
B: 그걸 네 미래로 가는 과정의 일부라고 생각해봐. 지금 당장은 몰라도 네게 도움이
될지도 몰라.
A: 맞아. 좀 더 긍정적인 마음가짐으로 해봐야겠어.

Vocabulary

project: 프로젝트 step: 단계 mindset: 마음가짐 positive: 긍정적인

Q) 고민거리가 많을 때 어떤 마음가짐이 필요한가요?

할 일은 오늘 당장 하고, 고민거리는 내일로 미루자.

우리는 종종 해야 할 일을 미루고 고민에 빠져 시간을 낭비하곤 한다. 그러나 반드시 해야 할 일이 있다면, 고민을 깊게 하기보다는 바로 시작하는 것이 가장 효율적이다. 행동으로 옮기기 전까지는 문제의 크기와 해결 방법이 막연하게 느껴질 수 있지만, 일단 시작하면 해결의 실마리가 보이고 마음의 부담도 자연스레 줄어든다.

반면, 지금 당장 해야 할 일이 아닌 것에 지나치게 고민하는 것은 오히려 소중한 시간을 낭비하게 만든다. 이런 경우에는 차라리 고민을 미루고, '내일 다시 생각하겠다'라는 가벼운 마음가짐을 가져보는 것도 좋다. 이는 불필요한 스트레스를 줄이고, 현재 집중해야 할 일에 에너지를 온전히 쏟을 수 있도록 돕는다.

"할 일은 오늘 당장 하고, 고민거리는 내일로 미루자."

◆ Do today's tasks today; postpone worries for tomorrow.

◆ Focusing on action now and delaying overthinking can lead to better results.

◆ By tackling what's urgent and setting aside concerns, you achieve clarity and productivity.

Vocabulary

task: 할 일 postpone: 미루다 worry: 걱정 focus: 집중하다 action: 행동
overthinking: 지나친 고민 result: 결과 tackle: (힘든 문제와) 씨름하다, 처리하다
clarity: 명확함 productivity: 생산성

Dialogue

A: I have so much to do and so many worries in my head.
B: Why not handle today's tasks first and leave the worries for tomorrow?
A: That actually makes sense. I'll focus on what I can do right now.

A: 할 일이 너무 많고 머릿속엔 걱정이 가득해.
B: 오늘 해야 할 일을 먼저 하고, 걱정은 내일로 미뤄보는 게 어때?
A: 정말 말이 되네. 지금 할 수 있는 일에 집중해볼게.

Vocabulary

handle: 처리하다 leave: 남겨두다 make sense: 말이 되다

Q) 행복을 결정짓는 가장 중요한 요소는?

행복은 상황이 아니라 나의 태도가 결정한다.

행복은 상황 자체가 아니라, 그 상황을 바라보는 우리의 태도에서 비롯된다. 같은 상황에서도 어떤 사람은 불평하고, 또 어떤 사람은 감사할 수 있다. 예를 들어, 외출 계획이 있는 날 갑작스레 비가 쏟아졌다고 해보자. 누군가는 비 때문에 외출이 어렵다며 투덜대지만, 다른 누군가는 빗소리를 들으며 오랜만에 집에서의 여유로운 시간을 즐길 수 있다. 이처럼 태도의 차이는 누군가에게는 불만을, 누군가에게는 행복을 만들어 낸다. 행복은 주어진 조건이 아니라, 우리가 선택하는 태도에서 출발한다.

우리 삶에서 진정한 행복은 외부 환경보다 내면의 태도에 달려 있다는 점을 기억하자. 매 순간 긍정적인 태도를 유지하려는 노력은 행복으로 가는 가장 확실한 길이 될 것이다.

"행복은 상황이 아니라 나의 태도가 결정한다."

◆ Happiness is determined not by circumstances but by attitude.

◆ Your perspective shapes your happiness more than external factors.

◆ A positive attitude can create joy regardless of the situation.

Vocabulary

happiness: 행복 determine: 결정하다 circumstance: 상황 attitude: 태도
perspective: 관점 shape: 형성하다 external: 외부의
factor: 요소 positive: 긍정적인 create: 만들어내다 joy: 기쁨

Dialogue

A: Why do you always seem so happy, even when things are tough?
B: I believe happiness comes from my attitude, not my circumstances.
A: That's a good perspective. I'll try to think the same way.

A: 왜 너는 상황이 어려워도 항상 행복해 보이니?
B: 나는 행복이 상황이 아니라 나의 태도에서 온다고 믿어.
A: 좋은 관점이네. 나도 그렇게 생각해보려 노력할게.

Vocabulary

believe: 믿다 come from: ~에서 오다 tough: 힘든

인간 심리의 이해

인간의 마음은 보이지 않는 길을 따라 흐릅니다.

그 길을 이해하며 나의 삶을 더욱 풍요롭고 의미 있게 만들어줄

스물아홉 가지 이야기를 들려드립니다.

Part 2

Understanding Human Psychology

— 29 Stories —

내가 가장 친하게 지내야 할 친구는 내 자신입니다.

나 자신은 싸워서 이길 존재가 아니다.

'극기, 극복, 자신과의 싸움에서 이겨야 한다'라는 말은 익숙한 표현이다. 하지만 언제나 자신을 싸움과 극복의 대상으로 바라보는 태도가 과연 올바른 것일까? 나는 늘 나약하고 반드시 극복해야 할 존재일까?

자신을 극복해야 한다는 강박은 때로 스스로를 부정하거나 폄하하게 만들고, 부족함을 채워야 한다는 압박을 초래할 수 있다. 그러나 나 자신이야말로 나를 가장 잘 이해하고 응원할 수 있는 존재다. 중요한 것은, 늘 자신과 싸워 이기려 하기보다는 나의 약점과 한계를 이해하고 받아들이는 과정도 필요하다는 점이다. 우리는 완벽하지 않으며, 나약함 또한 우리 존재의 일부임을 인정해야 한다. 자신을 극복해야 한다는 생각에 매몰되기보다, 자신을 이해하고 존중하는 태도를 갖는 것이야말로 진정한 성장의 시작이다.

"나 자신은 싸워서 이길 존재가 아니다."

◆ I am not someone to fight against, but someone to understand.

◆ The battle is not with yourself but with challenges outside you.

◆ Self-acceptance is the key to inner peace and growth.

Vocabulary

fight against: ~와 싸우다 understand: 이해하다 battle: 싸움
self-acceptance: 자기 수용(자신을 인정하고 받아들이는 것)
key: 열쇠, 핵심 inner peace: 내면의 평화 growth: 성장

Dialogue

A: I often feel like I'm fighting with myself.
B: Maybe you should stop fighting and start understanding yourself instead.
A: You're right. **Self-acceptance might be what I need.**

A: 나는 종종 나 자신과 싸우고 있는 기분이 들어.
B: 싸움을 멈추고 대신 자신을 이해하는 걸 시작하는 게 좋아.
A: 맞아. 자기 수용이 필요한 것일지도 몰라.

Vocabulary

feel like: ~한 기분이 들다 start: 시작하다 understanding: 이해 instead: 대신에

Q) 가끔은 내 주변 친구들에 대하여 생각해봐야 하지 않을까요?

내 주변에 어떤 친구들이 있는지 항상 파악하자.

내 주변에 어떤 친구들이 있는지 항상 파악하는 것은 매우 중요하다. 친구들은 우리의 삶에 큰 영향을 미친다. 어떤 친구들과 시간을 보내느냐에 따라 나의 생각, 감정, 행동까지 달라질 수 있기 때문이다. 긍정적인 친구들은 나를 응원하고, 도전할 수 있는 용기를 준다. 그들과 함께 있으면 더 나은 결정을 내리고, 어려운 상황에서도 희망을 찾을 수 있다. 반면, 부정적인 친구들은 그들의 부정적인 에너지가 나에게 영향을 미칠 수 있다. 그런 사람들과 함께 있다 보면, 나도 모르게 부정적인 감정에 휘둘리기 쉽다.

내가 누구와 시간을 보내고 있는지, 그들이 나에게 어떤 영향을 미치는지 파악하는 것이 중요하다. 나에게 긍정적인 영향을 주는 친구들과 더 가까워지고, 내가 성장할 수 있도록 도와주는 사람들과의 관계를 지속적으로 강화해야 한다.

"내 주변에 어떤 친구들이 있는지 항상 파악하자."

◆ Always be aware of the type of friends you have around you.

◆ Surround yourself with people who inspire and support you.

◆ The quality of your friends often reflects the quality of your life.

Vocabulary

aware: 알고 있는 type: 유형 surround: 둘러싸다 inspire: 영감을 주다
support: 지지하다 quality: 품질, 질 reflect: 반영하다

Dialogue

A: I've been thinking about the kind of friends I have around me.
B: That's important. Good friends can make a huge difference in your life.
A: You're right. I should focus on surrounding myself with positive people.

A: 내가 주변에 어떤 친구들이 있는지 생각해봤어.
B: 그건 중요하지. 좋은 친구는 삶에 큰 변화를 줄 수 있어.
A: 맞아. 긍정적인 사람들과 어울리는 데 집중하는 게 좋겠어.

Vocabulary

think about: ~에 대해 생각하다 important: 중요하다
difference: 차이 focus on: ~에 집중하다 positive: 긍정적인

Q) 남을 비난하는 것만큼 어리석은 일이 있을까요?

남을 비난하지 말자.

사람들은 종종 자신의 불만을 다른 사람에게 돌리고, 그들을 비난하기 쉽다. 하지만 남을 비난하는 것은 문제를 해결하기보다는 상황을 더 악화시킬 뿐이다. 비난은 대개 자신의 잘못을 인정하지 않으려는 마음에서 비롯되며, 그로 인해 책임을 회피하려는 경향이 있다.

하지만 남을 비난한다고 해서 상황이 나아지거나 내 마음이 편해지는 것은 아니다. 오히려 부정적인 감정과 에너지만 커질 뿐이다. 중요한 것은 타인의 잘못을 지적하기보다는, 먼저 자신의 행동을 되돌아보고, 그로 인해 발생한 문제들을 해결하려는 노력이다. 남을 비난하지 않고 자기 자신을 돌아보는 태도가 더 평화롭고 생산적인 삶으로 이어진다.

"남을 비난하지 말자."

◈ Do not criticize others.

◈ Judging others only reflects your own character.

◈ It's better to focus on your own actions than pointing fingers at others.

Vocabulary

criticize: 비난하다 judge: 판단하다 reflect: 반영하다 character: 성격, 특징
focus: 집중하다 point fingers: 손가락질하다, 지적하다

Dialogue

A: I can't believe she did that!
B: It's easy to criticize, but maybe you don't know the whole story.
A: I guess you're right. **We should avoid judging others without understanding their situation.**

A: 그녀가 그런 걸 할 줄 몰랐어!
B: 비난하기는 쉬운데, 어쩌면 너도 전부를 알지 못하는 걸 수도 있어.
A: 네 말이 맞는 거 같아. 다른 사람의 상황을 이해하지 못한 채 함부로 판단하지 말아야해.

Vocabulary

believe: 믿다 criticize: 비난하다 whole story: 전체 이야기
judge: 판단하다 understanding: 이해

너무 큰 기대는 하지 않아야 합니다.

너무 큰 기대는 실망 혹은
분노의 감정으로 되돌아올 수 있다.

우리는 종종 다른 사람이나 상황에 대해 높은 기대를 하곤 한다. 그러나 그 기대가 충족되지 않을 때, 실망이나 분노를 느끼며 마음이 무거워지고 타인과의 관계도 악화될 수 있다.

기대가 높을수록 실망할 가능성도 커진다. 특히 다른 사람에게 과도한 기대를 가지게 되면, 그들이 이를 충족하지 못했을 때 감정적인 상처를 입을 수 있다. 이로 인해 불필요한 갈등이 발생할 수 있기 때문에 기대를 현실적이고 적절한 수준으로 조절하는 것이 중요하다. 기대를 잘 관리하면 실망이나 분노를 줄일 수 있으며, 더 평온한 마음으로 일상을 살아갈 수 있다.

**"너무 큰 기대는 실망 혹은
분노의 감정으로 되돌아올 수 있다."**

◆ High expectations can often lead to disappointment or anger.

◆ When you expect too much, the result is often not as you hoped.

◆ It's better to manage your expectations to avoid negative emotions.

> **Vocabulary**
>
> expectation: 기대 lead to~: ~로 이끌다 disappointment: 실망
> anger: 분노 result: 결과 manage: 관리하다 negative: 부정적인

> **Dialogue**
>
> A: I thought he would be here on time, but he's late again!
> B: It's frustrating, but maybe your expectations were too high.
> A: I guess you're right. **I shouldn't expect too much from others.**

A: 나는 그가 제시간에 올 줄 알았는데, 또 늦었어!
B: 짜증날 수 있지만, 네 기대가 너무 컸을지도 몰라.
A: 네 말이 맞는 거 같애. 다른 사람에게 너무 많은 걸 기대하지 말아야해.

> **Vocabulary**
>
> frustrating: 짜증나는 expectation: 기대 high: 높은 right: 옳은, 맞는

Q) 다른이와 나를 비교하고 있진 않으신가요?

다른 이의 행복을 시기하지 말자.

우리는 종종 다른 사람들의 성공이나 행복을 부러워할 때가 있다. 특히 소셜 미디어에서 타인의 멋진 모습이나 행복한 순간을 볼 때, 자연스럽게 비교하게 된다. 그러나 이런 비교는 불필요한 스트레스와 불만족을 초래할 뿐이다. 타인과의 비교는 내가 부족한 부분에만 집중하게 만들고, 그로 인해 내가 가진 작은 행복도 놓치게 된다.

타인의 행복을 시기하기보다는 나만의 행복을 찾고, 그것을 풍요롭게 만드는 데 집중하는 것이 중요하다. 다른 사람의 행복이나 가진 것에 초점을 맞추기보다는, 내가 가진 것에 감사하며 남과의 비교가 아닌 나만의 길을 걸어가는 것이 진정한 행복으로 가는 길이다.

"다른 이의 행복을 시기하지 말자."

◆ Don't envy others' happiness.

◆ Comparing yourself to others can lead to dissatisfaction.

◆ True happiness comes from within, not from looking at others.

Vocabulary

envy: 시기하다 happiness: 행복 compare: 비교하다 dissatisfaction: 불만족
true: 진정한

Dialogue

A: I'm so jealous of how successful she is.
B: Why compare yourself to her? Being envious and jealous of others doesn't help in life.
A: You're right. **I should focus on my own happiness.**

A: 나는 그녀가 그렇게 성공한 것이 정말 부럽어.
B: 왜 그녀와 너 자신을 비교해? 남을 시기 질투하는 건 인생에 도움이 되질 않아.
A: 맞아. 내 행복에 집중해야겠어.

Vocabulary

envious: 부러워하는 jealous: 질투하는 unique: 고유한 focus on: ~에 집중하다

Q) 혹시 지금 머뭇거리고 계신가요?

'5 4 3 2 1 시작' 카운트다운의 기적!

할 일이 분명히 있는데도 망설이고 있다면, '5, 4, 3, 2, 1'이라는 간단한 카운트다운이 큰 도움이 될 수 있다. 이 카운트다운은 단순하지만, 마치 마법처럼 시작을 알리며, 두려움을 극복하고 첫걸음을 내딛게 해준다.

새로운 도전이나 변화를 마주할 때 우리는 종종 불안과 망설임을 느끼게 된다. 하지만 카운트다운을 통해 그 감정을 잠시 내려놓고, 바로 행동에 옮길 수 있다. 이는 심리학자들에 의해 검증된 기법으로, 우리에게 효율적으로 불안감을 해소하고 행동을 촉진하는 방법을 제공한다. 이 습관을 익히면 망설임에 휘둘리지 않고 더 빠르게 결정을 내릴 수 있다. 또한 자신의 부족한 실행력을 키우는 데에도 큰 도움이 된다.

'5 4 3 2 1 시작' 카운트다운의 기적!

◈ Believe in the magic of counting down 5, 4, 3, 2, 1.

◈ A countdown can trigger the moment of action and change.

◈ Sometimes, all it takes is a countdown to get started and overcome hesitation.

Vocabulary

magic: 마법 count down: 카운트다운 trigger: 촉발하다
moment: 순간 action: 행동 change: 변화 hesitation: 망설임

Dialogue

A: I always get nervous before starting something new.
B: **Try counting down from 5, 4, 3, 2, 1. It can help you take action without overthinking.**
A: That's a great idea! I'll give it a try next time.

A: 나는 새로운 일을 시작하기 전에 항상 긴장돼.
B: 5, 4, 3, 2, 1로 카운트다운 해봐. 너무 많이 생각하지 않고 행동하는 데 도움이 될 거야.
A: 좋은 아이디어야! 다음에 한번 시도해볼게.

Vocabulary

nervous: 긴장한 try: 시도하다 take action: 행동하다 overthinking: 과도한 생각

> Q) 당신의 마음이 항상 과거나 미래를 향하진 않나요?

마음은 최대한 현재에
머물도록 하자.

우리의 마음은 종종 과거의 후회와 미래에 대한 불안으로 휘둘리곤 한다. 하지만 이러한 감정들은 현재를 살아가는 데 방해가 된다. 우리가 진정으로 행복하고 평화로운 삶을 원한다면, 과거와 미래는 전혀 통제할 수 없다는 사실을 인정하고, 현재에 집중하는 것이 중요하다.

현재에 집중하는 습관은 스트레스와 불안을 줄이는 데 큰 도움이 된다. 마음이 지금 이 순간에 머물도록 노력하면, 일상 속 작은 순간에서도 기쁨을 발견할 수 있고, 더 나은 결정을 내리는 데 필요한 명확함을 얻을 수 있다. 혼란스럽다는 건 마음이 현재에 있지 않고 어딘가 동떨어진 곳에 있다는 뜻이다. 혼란과 불안을 줄이려면 내 마음을 지금, 이 순간으로 데려오는 연습이 필요하다.

"마음은 최대한 현재에 머물도록 하자."

◆ Let your mind stay as much as possible in the present.

◆ The key to peace is keeping your mind in the present moment.

◆ Focusing on the present helps reduce unnecessary stress and distractions.

Vocabulary

mind: 마음 stay: 머물다 possible: 가능한 key: 열쇠 peace: 평화
present moment: 현재의 순간 focus: 집중하다 reduce: 줄이다 unnecessary: 불필요한
stress: 스트레스 distraction: 방해 요소

Dialogue

A: I feel like I'm always worried about the future or stuck thinking about the past.
B: **Try focusing on the present moment.** It can help ease your mind and reduce stress.
A: That sounds helpful. I'll give it a try next time I feel overwhelmed.

A: 나는 항상 미래에 대한 걱정이나 과거에 대한 생각에 갇혀 있는 것 같아.
B: 현재의 순간에 집중해봐. 마음을 편안하게 하고 스트레스를 줄이는 데 도움이 될 거야.
A: 그거 좋다. 내가 힘들 때 한 번 시도해 볼게.

Vocabulary

worried: 걱정하는 future: 미래 stuck: 갇힌 ease: 완화하다
overwhelmed: 벅찬, 압도된

Q) 혹시 마음이 혼란스러우신가요?

마음이 혼란스러운 이유는 우선순위가 없기 때문이다.

혼란스러운 마음은 대개 우선순위가 불명확할 때 발생한다. 하루에도 수많은 일들이 동시에 벌어지고, 여러 가지 생각들이 머리를 가득 채운다. 하지만, 이 모든 것을 해결하기 위해선 무엇이 가장 중요한지 먼저 결정해야 한다. 우선순위를 정하고, 하나씩 차근차근 해결해 나가면 마음이 점차 차분해지고 명확해진다.

무엇을 먼저 해야 할지 아는 것만으로도 마음의 평화를 찾을 수 있다. 우선순위를 정하고 그것에 집중하는 것은 혼란스러운 마음을 정리하는 데 가장 효과적인 방법이다. 매일 아침 그날의 우선순위를 정하는 습관을 들이자. 마음의 부담을 덜고 더 효율적으로 일상을 살아갈 수 있을 것이다.

"마음이 혼란스러운 이유는 우선순위가 없기 때문이다."

◆ The reason your mind feels chaotic is because you lack priorities.

◆ Without clear priorities, it's easy for your thoughts to become scattered.

◆ Focusing on what matters most will bring clarity and peace to your mind.

Vocabulary

reason: 이유 mind: 마음 chaotic: 혼란스러운 lack: 부족하다 priority: 우선순위
clear: 명확한 scattered: 흩어지는, 산재한 focus: 집중하다 matter: 중요하다
clarity: 명확함 peace: 평화

Dialogue

A: I've been feeling so overwhelmed lately. My thoughts are all over the place.
B: That sounds like a sign that you might not have clear priorities right now.
A: You're right. **I need to focus on what truly matters.**

A: 최근에 너무 힘들었어. 생각이 여기저기 흩어져 있어..
B: 그건 아마 지금 명확한 우선순위가 없다는 신호일 거야.
A: 맞아. 정말 중요한 것에 집중해야겠어.

Vocabulary

overwhelmed: 벅찬, 압도된 sign: 신호 truly: 진정으로 matter: 중요하다

미움을 자연스러운 것으로 여기고 극복해야 합니다.

모든 뛰어난 것은 미움받기 마련이다.

우리는 종종 남들보다 뛰어나거나 두드러진 업적을 가진 사람에 대한 질투와 미움을 목격하게 된다. 이는 인간의 본능 중 하나로, 자신보다 더 나은 사람을 보면 불안감이나 열등감을 느끼기 쉽기 때문이다. 그 결과, 뛰어난 사람은 그 자체로 많은 도전과 갈등을 겪게 된다. 성공의 이면에는 항상 비판과 시기가 뒤따르기 마련이다.

이때 중요한 것은 미움을 자연스러운 현상으로 받아들이는 것이다. 미움을 피하려고 애쓰거나 두려워하기보다는, 이를 담담하게 받아들일 수 있는 마음의 여유와 용기가 필요하다. 내가 설정한 목표를 향해 한 걸음 한 걸음 나아가는 과정에서 미움이나 비판은 자연스럽게 따를 수 있다는 사실을 인정하자. 이를 통해 우리는 더욱 강해지고, 더욱더 성장할 수 있다.

"모든 뛰어난 것은 미움받기 마련이다."

◆ Anything outstanding is bound to be disliked by some.

◆ Greatness often comes with the price of criticism.

◆ If you stand out, expect some form of opposition.

Vocabulary

outstanding: 뛰어난 bound: ~할 가능성이 큰 dislike: 미워하다 greatness: 위대함
price: 대가 criticism: 비판 stand out: 돋보이다 expect: 기대하다
opposition: 반대

Dialogue

A: I don't understand why people criticize successful people.
B: Well, **anything outstanding is bound to be disliked by some.**
A: That makes sense. Greatness often brings criticism.

A: 나는 왜 사람들이 성공한 사람을 비난하는지 이해가 안 돼.
B: 사실, 모든 뛰어난 것은 미움받기 마련이지.
A: 그 말이 맞아. 위대함은 종종 비판을 불러 오지.

Vocabulary

understand: 이해하다 criticize: 비난하다
successful: 성공적인 sense: 이해 brings: 가져오다

몰입과 집중은 행복을 의미합니다.

몰입하고 집중할 때 우리는 진정한 행복을 느낀다.

몰입과 집중은 행복을 경험하는 중요한 열쇠다. 일상에서 우리는 종종 다양한 일들에 끌리며, 그중 일부는 우리가 스스로 몰입할 수 있는 활동들이다. 그런 순간, 우리는 시간의 흐름을 잊고 깊이 빠져들게 된다. 이때 느끼는 행복은 외부에서 오는 것이 아니라 내면에서 우러나오는 진정한 자기만족이다.

몰입을 통해 우리는 자신에게 온전히 집중할 수 있고, 그 과정에서 스트레스도 현저히 줄어든다. 또한, 몰입은 최선을 의미하며, 최선은 우리가 집중하는 일에 대한 진지함과 의지를 보여준다. 몰입하는 동안 성취감을 얻고, 그것이 또 다른 행복으로 이어진다. 몰입은 단순히 어떤 일을 잘하는 것 이상으로, 우리의 내면에서 충족감을 만들어내고, 삶의 질을 높여준다.

"몰입하고 집중할 때 우리는 진정한 행복을 느낀다."

◆ When we immerse ourselves and focus, we experience true happiness.

◆ True happiness is felt when we concentrate deeply on something.

◆ The moment we focus completely, we find joy and fulfillment.

Vocabulary

immerse: 몰입하다 focus: 집중하다 experience: 경험하다 true: 진정한
happiness: 행복 concentrate: 집중하다 deeply: 깊게 find: 찾다 fulfillment: 성취감

Dialogue

A: What makes you feel the happiest?
B: When I'm completely immersed and focused on something I love.
A: That's interesting. I feel the same way when I'm working on my passions.

A: 너는 무엇을 할 때 가장 행복을 느껴?
B: 내가 사랑하는 일에 완전히 몰입하고 집중할 때.
A: 흥미롭네. 나도 열정을 쏟는 일에 몰두할 때 같은 기분을 느껴.

Vocabulary

immersed: 몰입한 passions: 열정 the same way: 같은 방식

> 생각은 통제 불가능하지만, 입은 통제 가능하다.

문득 드는 부정적인 생각은 어쩔 수 없지만, 내 입은 통제할 수 있다.

우리는 종종 부정적인 생각을 피할 수 없는 순간들을 경험한다. 이런 생각들이 갑자기 떠오를 때, 당황스럽거나 기분이 나빠질 수 있다. 그러나 중요한 점은 내가 그 생각을 어떻게 다루고, 그에 따라 어떤 말을 할지를 선택할 수 있다는 것이다. 말은 생각보다 강한 힘을 지니고 있으며, 내가 하는 말은 주변 사람들에게 큰 영향을 미친다.

불안하거나 스트레스를 받을 때 부정적인 말을 하고 싶을 때가 있다. 그 때 잠시 생각을 잠시 멈추고 감정을 가라앉힌 후 말하는 것이 훨씬 긍정적인 결과를 가져올 수 있다. 부정적인 생각을 모두 없앨 수는 없지만, 내 입을 통제함으로써 최소한 더욱 안 좋은 상황을 만드는 걸 예방할 수 있다. 말 한마디가 상황을 바꿀 수 있고, 나뿐만 아니라 주변 사람들에게도 크게 영향을 미친다는 점을 기억하자.

"문득 드는 부정적인 생각은 어쩔 수 없지만,
내 입은 통제할 수 있다."

◆ Negative thoughts that suddenly arise are inevitable.

◆ However, I can control my words.

◆ Even though negative thoughts come to mind, I can control what I say.

Vocabulary

negative: 부정적인 thought: 생각 suddenly: 갑자기 inevitable: 피할 수 없는
however: 그러나 control: 통제하다 words: 말 come to mind: 떠오르다

Dialogue

A: I can't help but think negatively sometimes.
B: It's normal to have those thoughts, but you can control what you say.
A: You're right. I can choose not to speak when I feel that way.
B: Exactly! **Our thoughts might not always be in our control, but our words are.**

A: 가끔 부정적인 생각이 드는 걸 피할 수 없어.
B: 그런 생각이 드는 건 정상이지, 하지만 네가 말하는 건 통제할 수 있어.
A: 맞아. 그런 기분이 들 때 말을 하지 않는 걸 선택할 수 있어.
B: 정확해! 우리의 생각은 항상 통제할 수 없을지 몰라도, 우리의 말은 통제할 수 있어.

Vocabulary

normal: 정상적인 choose: 선택하다
speak: 말하다 always: 항상 control: 통제

> 어쩌면 위기의 순간에 뛰어난 창의력이 발휘됩니다.

미키마우스는 월트 디즈니의 가장 어려운 순간에 태어났다.

월트 디즈니는 그의 첫 애니메이션인 '행운의 토끼 오즈월드(Oswald the Lucky Rabbit)'의 권리를 모두 잃으면서 회사는 큰 위기에 처했다. 절망 속에서 월트 디즈니는 고향 캔자스시티 창고에서 보았던 생쥐를 떠올렸다. 그 아이디어가 바로 미키마우스였다. 미키마우스의 탄생은 디즈니에게 새로운 시작과 희망을 의미했으며, 그 후 미키마우스는 전 세계적으로 사랑받는 캐릭터가 되었다. 미키마우스는 단순한 캐릭터를 넘어, 어려움을 극복하고 도전하는 정신을 대표하는 아이콘으로 자리 잡았다.

만약 월트 디즈니가 좌절감에 모든 것을 포기했다면 미키마우스는 세상에 존재할 수 없었을 것이다. 어쩌면 위기의 순간, 가장 어려운 순간에 월트 디즈니처럼 우리의 능력이 최대치로 발휘될지도 모른다. 어떠한 상황에서도 포기하지는 말자. 방법은 언제나 있다.

"미키마우스는 월트 디즈니의 가장 어려운 순간에 태어났다."

◆ Mickey Mouse was born during Walt Disney's toughest time.

◆ The creation of Mickey Mouse came at a moment when Walt Disney faced his greatest challenges.

◆ Mickey Mouse emerged when Walt Disney was struggling the most.

Vocabulary

toughest: 가장 힘든 creation: 창조 moment: 순간 greatest: 가장 큰 challenge: 도전
emerge: 나타나다 struggle: 고군분투하다

Dialogue

A: Did you know Mickey Mouse was created during Walt Disney's hardest time?
B: Really? I used to think that Walt Disney only had success.
A: It's surprising, but that's when Walt Disney needed something to turn things around.
B: That's amazing! Sometimes challenges push people to create great things.

A: 미키마우스가 월트 디즈니의 가장 힘든 시기에 만들어졌다는 걸 알고 있었어?
B: 정말? 난 Walt Disney가 항상 성공만 한 줄 알았어.
A: 놀랍지만, 바로 그때 월트 디즈니는 상황을 바꿀 무언가가 필요했어.
B: 정말 대단하네! 때로는 어려운 상황이 사람들에게 훌륭한 것을 창조하도록 만들기도 해.

Vocabulary

know: 알다 create: 만들다,창조하다 hardest: 가장 힘든 success: 성공
surprising: 놀라운 need: 필요하다 turn around: 상황을 바꾸다

> 항상 나와 대중의 생각이 같다면 경계해야 합니다.

대중의 편에 서면 부담이 없다.
하지만, 그것을 항상 경계해야 한다.

　대중의 의견에 맞추어 행동하는 것은 때로 쉬운 길처럼 보인다. 많은 사람들이 따르는 길을 가면 갈등을 피할 수 있고, 안정감을 느낄 수 있기 때문이다. 그러나 대중의 편에 서는 것이 항상 옳다고 할 수는 없다. 대중의 생각이 항상 바른 방향을 가리키는 것은 아니기 때문이다.

　때로 대중이 따르는 의견은 감정에 휘둘리거나, 잘못된 방향으로 나갈 수 있다. 그 흐름을 따라가다 보면 중요한 가치를 놓치거나 후회할 결정을 내리게 될 수 있다. 따라서 대중의 의견을 따를 때는 신중하게 생각해야 한다. 대중적인 선택이 안전하고 쉬워 보일지라도 자신의 신념과 가치를 지키는 것이 더 중요하다. 진정한 행복과 만족은 남의 기준에 맞추는 것이 아니라 자기 내면의 목소리에 귀 기울이는 데서 나옴을 잊지 않아야 한다.

"대중의 편에 서면 부담이 없다.
하지만, 그것을 항상 경계해야 한다."

◆ Standing with the majority brings no burden, but it should always be approached with caution.

◆ It's easy to side with the crowd, but one must be wary of doing so all the time.

◆ Being with the majority feels comfortable, yet it requires constant vigilance.

(Vocabulary)

majority: 대다수 burden: 부담 approach: 접근하다 caution: 경계 side: 편들다
crowd: 군중 wary: 경계하는 comfortable: 편안한 vigilance: 경계

(Dialogue)

A: It's easier to agree with the majority, don't you think?
B: I agree, but sometimes that can lead us down the wrong path.
A: Exactly, just because everyone is doing it doesn't mean it's the right thing to do.
B: Right, **standing with the crowd can seem comfortable, but we need to think for ourselves.**

A: 대중의 편에 서는 것이 더 쉽지 않아?
B: 동의해, 하지만 가끔 그게 우리를 잘못된 길로 이끌 수도 있어.
A: 정확해, 모두가 한다고 해서 그게 옳은 일인 건 아니잖아.
B: 맞아, 무리에 속하는 게 편하게 느껴질 수 있지만, 우리는 스스로 생각할 필요가 있어.

(Vocabulary)

easier: 더 쉬운 agree: 동의하다 majority: 대다수 sometimes: 때때로
lead: 이끌다 wrong: 잘못된 path: 길 exactly: 정확히 for ourselves: 우리 스스로

Q) 조급한 맘이 밀려들때면 어떻게 해야 할까요?

불안할수록 조급한 마음을 버려야 한다.
현재 내가 통제 가능한 게 무엇인지 정확히 파악하자.

불안한 순간일수록 우리는 더 빨리 해결하려는 마음에 조급해지기 쉽다. 하지만 그런 마음이 오히려 상황을 더 복잡하게 만들 수 있다. 불안한 감정을 느낄 때, 우선 내가 무엇을 통제할 수 있고 무엇을 통제할 수 없는지 구분하는 것이 중요하다.

통제할 수 있는 것은 내가 직접 할 수 있는 일들, 즉 나의 생각, 행동, 태도이다. 반면, 외부의 상황이나 다른 사람의 행동은 내가 통제할 수 없는 부분이다. 이 차이를 명확히 인식하고, 내가 할 수 있는 일에만 집중하는 것이 불안감을 줄이고 온전한 판단을 내리는 데 큰 도움이 된다. 조급한 마음을 버리고 차분해지는 것, 그것은 쉽지 않지만 의식적인 연습을 통해 반드시 해내야 할 일이다. 이 과정을 통해 우리는 더 나은 결정을 내리고, 불안을 효과적으로 관리할 수 있게 된다.

"불안할수록 조급한 마음을 버려야 한다.
현재 내가 통제 가능한 게 무엇인지 정확히 파악하자."

◆ The more anxious you feel, the more you must let go of impatience. Focus on what you can control right now.

◆ Anxiety demands calm; identify what is within your power and focus on that.

◆ When anxiety grows, resist the urge to rush and concentrate on what you can manage in the present.

Vocabulary

anxious: 불안한 let go: 내려놓다 impatience: 조급함 control: 통제하다
identify: 파악하다 power: 힘, 능력 manage: 관리하다

Dialogue

A: I'm feeling so anxious about tomorrow's presentation.
B: **Let go of impatience and think about what you can control right now.** Maybe focus on practicing?
A: You're right. I'll focus on what's within my reach instead of stressing over the unknown.

A: 내일 발표 때문에 너무 불안해.
B: 조급한 마음은 버리고 지금 네가 통제할 수 있는 것에 집중해봐. 예를 들어 연습에 집중하면 어때?
A: 맞아. 알 수 없는 일에 스트레스받기보다 내가 할 수 있는 일에 집중할게.

Vocabulary

presentation: 발표 practicing: 연습하기 within my reach: 내가 할 수 있는, 내 손 안에 있는
the unknown: 알 수 없는 것

Q) 웃음의 마법을 아시나요?

웃음은 신체에 놀라운 긍정적인 변화를 일으킨다.

웃음은 단순한 감정의 표현이 아니다. 그것은 신체에 놀라운 긍정적인 변화를 가져오는 강력한 힘을 지닌다. 웃을 때, 우리 몸은 스트레스를 줄여주는 호르몬인 엔돌핀을 분비하고, 긴장을 풀어주며 면역력까지 높여준다. 웃음은 혈액 순환을 촉진하고 신체 전반의 활력을 증가시킨다. 심지어 웃음은 통증을 완화하고, 피로를 줄이며, 정신적인 부담을 덜어주는 효과도 있다. 웃음이 인간 심리뿐만 아니라 신체적으로도 큰 긍정적 영향을 끼친다는 사실은 가설이 아닌 과학적으로 증명된 사실이다.

자신에게 웃음을 주는 순간을 만들어보자. 가족과 함께 웃거나, 좋아하는 예능을 보거나, 가까운 친구와 재밌는 수다를 떠는 것도 좋은 방법이다. 작은 웃음이 우리의 신체에 긍정적인 변화뿐만 아니라 마음에 큰 행복을 가져다줄 수 있음을 기억하자.

"웃음은 신체에 놀라운 긍정적인 변화를 일으킨다."

◆ **Laughter brings remarkable positive changes to the body.**

◆ **A good laugh can reduce stress and improve overall health.**

◆ **When you laugh, your body releases endorphins, boosting your mood and energy.**

Vocabulary

laughter: 웃음 remarkable: 놀라운 positive: 긍정적인 reduce: 줄이다 improve: 개선하다
overall: 전반적인 release: 방출하다 endorphin: 엔돌핀(뇌에서 분비되는, 진통 작용을 하는 호르몬)
boost: 증가시키다 mood: 기분

Dialogue

A: I've been feeling so stressed lately. I can't seem to shake it off.
B: Maybe you should try laughing more. **Laughter has amazing effects on the body.**
A: Really? How does it work?
B: When you laugh, your body releases endorphins, which help reduce stress and boost your mood.

A: 요즘 너무 스트레스를 받는 것 같아. 계속 못 떨쳐내겠어.
B: 웃어보는 게 어때? 웃음은 신체에 놀라운 효과가 있어.
A: 진짜? 그게 어떻게 도움이 돼?
B: 웃을 때, 신체는 엔돌핀을 방출해서 스트레스를 줄이고 기분을 좋게 만들어.

Vocabulary

shake it off: 떨쳐내다 effect: 효과

> 웃음과 여유는 사람을 돋보이게 합니다.

웃음은 가장 강력한 매력이다.

웃음은 외모나 말보다 더 중요한 매력적인 요소로, 인간관계를 풍요롭게 만드는 중요한 도구다. 미소와 웃음은 말로는 표현할 수 없는 감정을 전달하며, 상대방에게 편안함과 친밀감을 느끼게 한다. 사람의 마음을 여는 열쇠가 되고, 새로운 인연을 시작할 수 있는 기회를 제공하는 데 웃음이 주는 효과는 매우 크다.

우리는 종종 누군가의 웃음을 통해 그 따뜻함을 느끼며, 그것이 사람 간의 깊은 연결감을 만들어낸다는 것을 경험한다. 웃음은 그 자체로 강력한 매력을 지니고 있으며, 사람을 자연스럽게 끌어당기는 힘이 있다. 고로 사람에 다가설 때 항상 웃음을 잃지 않는 것이 인간관계를 더욱 풍성하고 원활하게 만들어 준다.

"웃음은 가장 강력한 매력이다."

- ◆ Laughter is the most powerful charm.
- ◆ A genuine laugh can make anyone feel at ease.
- ◆ There is nothing more captivating than a joyful smile.

Vocabulary

laughter: 웃음 most: 가장 powerful: 강력한 charm: 매력
genuine: 진정한 laugh: 웃음 at ease: 편안하게 captivating: 매혹적인
joyful: 기쁜 smile: 미소

Dialogue

A: Why do you think laughter is so attractive?
B: Because it's the most powerful charm a person can have.
A: That's true. A smile can change someone's entire day.

A: 왜 웃음이 그렇게 매력적이라고 생각해?
B: 왜냐하면 그것이 사람이 가질 수 있는 가장 강력한 매력이기 때문이야.
A: 맞아. 미소 하나로 누군가의 하루를 바꿀 수도 있지.

Vocabulary

laughter: 웃음 attractive: 매력적인 charm: 매력 smile: 미소
change: 바꾸다 entire: 전체의

Q) 웃음이 빠진 날이 있으면 안되겠죠?

웃음이 결여된 하루는 낭비된 하루다.

_ Charlie Chaplin

찰리 채플린은 유머, 웃음의 중요성을 강조하며, 웃음이 없는 하루는 낭비된 하루와 같다고 말했다. 웃음은 우리에게 활력을 주고, 어려운 순간을 견디게 하는 힘이 된다. 일상에서 웃음을 찾는 것은 스트레스를 해소하고, 삶을 더 풍요롭고 의미 있게 만든다. 하루를 보내며 웃음을 잃지 않는 것은 단순히 기분 좋은 감정을 느끼는 것 이상의 큰 의미가 있다.

웃을 일이 생길 때만 웃는 것이 아니라, 스스로 웃을 거리를 찾고 웃음을 선택하는 태도가 중요하다. 웃음은 우리가 만들어가는 것이며, 그 선택을 통해 하루하루가 더욱 밝고 가치 있는 시간이 될 수 있다. 힘든 상황에서도 유머와 웃음을 잃지 않는 능력은 마음의 근력을 키우고, 결국 우리의 삶을 긍정적으로 변화시키는 원동력이 된다.

"웃음이 결여된 하루는 낭비된 하루다."

◈ A day without laughter is a wasted day.

◈ Laughter is the best way to make the most out of every day.

◈ Every day is worth living when you add laughter to it.

Vocabulary

day: 하루 without: ~없이 wasted: 낭비된 best: 최고의 way: 방법
make the most out of: 최대한 활용하다 worth: 가치가 있는

Dialogue

A: Why do you think laughter is so important?
B: **Because a day without it feels wasted.**
A: True, laughter can really change the tone of your day.

A: 왜 웃음이 그렇게 중요하다고 생각해?
B: 웃음이 없는 하루는 낭비된 것처럼 느껴지니까.
A: 맞아, 웃음은 하루의 분위기를 정말 바꿀 수 있지.

Vocabulary

important: 중요한 feels: 느끼다 tone: 분위기 change: 바꾸다

Q) 당신은 반대 의견에도 항상 열려있는 사람이라고 생각하나요?

인간은 누구나
확증 편향적 성향이 있다.

확증 편향(confirmation bias)은 우리가 기존에 가지고 있는 신념이나 생각을 지지하는 정보만을 선택적으로 받아들이고, 반대되는 정보는 무시하거나 왜곡하는 성향을 말한다. 이는 인간의 사고에서 자연스럽게 발생하는 현상으로, 사람들은 자신이 믿고 싶은 것에만 집중하려는 경향이 있기 때문이다.

이러한 성향은 우리의 사고를 좁게 만들고, 다양한 시각을 놓치게 할 수 있다. 확증 편향에 빠지면, 자신이 가진 의견이나 신념이 옳다는 확신만 커지고, 타인의 의견이나 새로운 정보에 대해 열린 마음을 가지기 어려워진다. 지혜로운 사람이 되기 위해서는 이 확증 편향을 경계해야 한다, 반대되는 의견이나 정보에 대해서도 열린 마음을 가지고, 그것을 객관적으로 평가하려는 노력이 필요하다. 열린 마음은 새로운 통찰과 성장을 가져오는 핵심이다.

"인간은 누구나 확증 편향적 성향이 있다."

◆ Humans naturally exhibit confirmation bias.

◆ People tend to seek information that supports their beliefs.

◆ It's common to ignore facts that contradict one's opinions.

Vocabulary

humans: 인간 naturally: 자연적으로 exhibit: 보여주다, 드러내다
confirmation bias: 확증 편향 tend to: ~하는 경향이 있다 seek: 찾다
information: 정보 supports: 지지하다 belief: 신념 common: 흔한
ignore: 무시하다 contradict: 반박하다 opinion: 의견

Dialogue

A: Why do people stick to their beliefs even when proven wrong?
B: That's confirmation bias. It's hard to let go of what you already believe.
A: I see. It's like filtering information to fit your views.

A: 왜 사람들은 틀렸다는 게 증명돼도 자기 신념을 고수할까?
B: 그게 확증 편향이야. 이미 믿고 있는 걸 놓기가 어려운 거지.
A: 그렇구나. 정보를 자기 관점에 맞게 걸러내는 거랑 비슷하네.

Vocabulary

stick to: 고수하다 proven wrong: 틀렸다는 게 증명된 let go: 놓아주다
filtering: 걸러내기 fit: 맞추다 view: 관점

47

무의식은 인간의 삶에 큰 영향을 끼침을 알아야 합니다.

우리는 우리가 생각하는 것보다 더 많은 것을 무의식적으로 결정한다.

우리가 내리는 많은 결정은 의식적인 선택처럼 보이지만, 사실 무의식적인 결정이 큰 부분을 차지한다. 예를 들어, 음식을 먹거나 스마트폰을 사용하는 행동, 익숙한 길을 선택하는 일은 대부분 별다른 고민 없이 이루어진다. 이는 뇌가 반복적인 경험을 학습하여 자동으로 반응하기 때문이다.

그러나 온전한 자기 판단을 위해서는 무의식적인 결정을 의식적으로 인식하고 조정하려는 노력이 필요하다. 자신의 감정과 습관이 어떻게 형성되고 작용하는지 이해하는 과정은 자기 자신에 대한 깊은 통찰을 제공하며, 더 나은 선택의 가능성을 열어준다. 이를 위해 하루 동안 무의식적으로 행하는 행동들을 점검해 보고, 그중에서 개선이 필요한 부분을 찾아보는 것이 유용하다. 이러한 과정을 통해 우리는 자신의 삶을 보다 주도적이고 의도적으로 살아갈 수 있다.

"우리는 우리가 생각하는 것보다
더 많은 것을 무의식적으로 결정한다."

◆ Humans make more decisions unconsciously than they realize.

◆ Our unconscious mind plays a significant role in our daily choices.

◆ Many of our actions are influenced by unconscious thought processes.

Vocabulary

humans: 인간 make: 만들다, 결정하다 decision: 결정들 unconsciously: 무의식적으로
realize: 깨닫다 unconscious mind: 무의식적인 마음
play a significant role: 중요한 역할을 하다 daily: 일상의 choice: 선택
action: 행동 influence: 영향을 끼치다 thought process: 사고 과정

Dialogue

A: Why do we sometimes do things without thinking?
B: It's because our unconscious mind is making decisions for us.
A: So, we don't always have control over our actions.

A: 왜 때때로 생각 없이 행동을 할까?
B: 그것은 우리의 무의식적인 마음이 결정을 내리고 있기 때문이야.
A: 그렇다면 우리는 항상 우리 행동을 제어할 수 있는 것은 아니구나.

Vocabulary

control: 제어 action: 행동

> 우리는 생각보다 이성적 판단을 많이 하지 않을 수 있습니다.

인간은 생각보다 감정적인 판단을 많이 하는 존재다.

인간은 감정적인 판단을 내리는 경향이 있다. 사람들은 종종 감정에 따라 결정을 내리며, 이로 인해 이성적인 사고가 뒤로 밀려나는 경우가 많다. 감정은 우리의 선택에 큰 영향을 미치지만, 이로 인해 잘못된 판단을 할 위험도 존재한다. 화가 나거나 기쁠 때 우리는 감정에 휘둘려 행동하게 될 수 있다. 이는 감정이 본능적으로 즉각적인 반응을 유도하기 때문이다.

그러나 감정적인 판단이 항상 나쁜 것은 아니다. 적절한 상황에서는 감정이 결정을 더 빠르고 직관적으로 이끌어낼 수 있다. 중요한 점은 감정과 이성의 균형을 맞추는 것이다. 자신의 현재 감정 상태를 정확히 인식하고 이를 이성적으로 조절하며 결정을 내리는 것이 바람직하다.

"인간은 생각보다 감정적인 판단을 많이 하는 존재다."

- Humans often make emotional judgments more than they realize.
- Our emotions can strongly influence the decisions we make.
- Many of our choices are driven by feelings rather than logic.

Vocabulary

humans: 인간 often: 자주 emotional: 감정적인 judgment: 판단 realize: 깨닫다
emotion: 감정 strongly: 강하게 influence: 영향을 미치다 driven by: ~에 의해 이끌어진
feeling: 감정 logic: 논리

Dialogue

A: Why do people sometimes make impulsive decisions?
B: It's because emotions often play a major role in our judgment.
A: So, we're not always as logical as we think we are?

A: 왜 사람들은 가끔 충동적인 결정을 내릴까?
B: 그것은 감정이 종종 우리의 판단에 중요한 역할을 하기 때문이야.
A: 그렇다면 우리가 생각하는 것만큼 논리적이지 않다는 거네.

Vocabulary

impulsive: 충동적인 play a major role: 중요한 역할을 하다 logical: 논리적인

49

Q) 포기하고 싶은 마음이 왜 드는지 아시나요?

포기는 달콤하다.
당장에는 편해지기 때문이다.

포기는 일시적인 안도감을 준다. 어려운 상황이나 도전적인 일 앞에서 포기하면 당장은 부담을 덜고 불편한 감정을 피할 수 있다. 이 순간의 편안함은 마치 달콤한 보상처럼 느껴지지만, 그 편안함은 결국 일시적이다. 시간이 지나면 포기한 것에 대한 후회나 자책감이 찾아올 수 있다. 포기를 선택하는 순간, 우리는 미래의 더 큰 기회를 놓치게 될 수도 있다.

진정으로 위험한 것은 포기를 반복하고 습관화하는 것이다. 정말 포기할 수밖에 없는 상황인지 스스로에게 솔직히 물어봐야 한다. 만약 포기의 달콤함에 이끌려 포기하는 것이라면, 끈기와 인내를 가지고 다시 한 번 도전하는 것이 필요하다. 어려운 순간일수록 포기를 선택하기보다는 그 상황을 어떻게 극복할지 고민하고, 앞으로 나아가려는 자세가 중요하다. 그 과정을 통해 얻는 경험이 더 큰 성취로 이어질 수 있다.

"포기는 달콤하다. 당장에는 편해지기 때문이다."

◆ Giving up is sweet for humans because it brings immediate relief.

◆ In the moment, quitting feels easier than continuing to struggle.

◆ The comfort of quitting often clouds our judgment in difficult situations.

(Vocabulary)

give up: 포기하다 sweet: 달콤한 immediate: 즉각적인 relief: 안도 moment: 순간
quit: 포기하다 easier: 더 쉬운 continue: 계속하다 struggle: 고군분투하다
comfort: 편안함 cloud: 흐리게 하다 judgment: 판단 difficult: 어려운 situation: 상황

(Dialogue)

A: Why is it so hard to keep going when things get tough?
B: Because giving up feels like an easy way out, offering immediate relief.
A: I see. But sometimes, pushing through is the only way to achieve something.

A: 일이 힘들어지면 왜 계속해서 해나가는 것이 그렇게 어려운 걸까?
B: 그것은 포기가 즉각적인 안도감을 주는 쉬운 길처럼 느껴지기 때문이야.
A: 그래. 하지만 때때로, 계속 버티는 것이 무엇인가를 성취하는 유일한 방법일 때가 있어.

(Vocabulary)

hard: 어려운 keep going: 계속 나아가다 tough: 힘든 easy: 쉬운 way out: 빠져나갈 길
offer: 제공하다 push through: 끝까지 해내다 극복하다 achieve: 성취하다

인간의 심리는 모두 다 연결되어 있습니다.

내 생활의 일부가 무너지면 모두 다 무너진다.

인간의 심리는 생각보다 연약하다. 마치 모래성과 같아서 한 부분에 균열이 생기면 전체가 무너질 수 있다. 직장, 가정, 건강, 인간관계 등 삶의 모든 부분은 서로 상호작용하며 균형을 이룬다. 그러나 그중 하나라도 문제가 생기면 다른 부분에도 영향을 크게 미친다. 예를 들어, 직장에서의 스트레스나 가정 내 갈등은 감정적 불안을 초래하고, 이는 건강과 일상생활의 여러 영역에까지 악영향을 미친다.

따라서 일상에서 일어나는 작은 변화가 삶의 균형을 깨뜨릴 수 있다는 사실을 인식하고, 이를 빠르게 회복하려는 노력이 필요하다. 안정적인 삶을 유지하려면 자신의 삶 각 부분에 지속적인 관심을 기울이고 관리하는 것이 중요하다. 삶의 균형을 유지하려는 꾸준한 노력이 없다면, 작은 문제들이 확대되어 결국 삶의 질에 심각한 영향을 미칠 수 있다.

"내 생활의 일부가 무너지면
모두 다 무너진다."

◈ If one part of my life falls apart, everything else crumbles as well.

◈ When one aspect of life breaks down, the entire foundation starts to shake.

◈ Losing one element of life can cause everything to unravel.

Vocabulary

part: 부분 fall apart: 무너지다 everything: 모든 것 else: 다른 것 crumble: 부서지다
aspect: 측면 break down: 고장나다, 무너지다 foundation: 기초 shake: 흔들리다 lose: 잃다
element: 요소 unravel: 풀리다, 무너지다

Dialogue

A: Lately, it feels like everything is going wrong.
B: I know the feeling. **When one part of your life falls apart, it can feel like everything else crumbles too.**
A: Exactly. It's like a chain reaction.

A: 요즘 모든 것이 잘 안 되는 것 같아.
B: 그 기분 알아. 생활의 일부가 무너지면 다른 모든 것이 무너지는 것 같을 수 있어.
A: 맞아. 마치 연쇄반응 같아.

Vocabulary

lately: 최근에 everything: 모든 것 go wrong: 잘못되다 feeling: 기분
chain reaction: 연쇄반응

> 불안감은 나를 더 적극적이고 효율적으로 만들 수 있습니다.

적당한 불안감은 내 능력을 끌어올리는 좋은 감정이다.

불안은 종종 부정적인 감정으로 여겨지지만, 적당한 불안감은 오히려 우리에게 긍정적인 영향을 미칠 수 있다. 중요한 일을 앞두고 느끼는 불안은 일종의 자가 신호로, 우리가 더 철저하게 준비하고 더 높은 집중력을 발휘하게 만든다. 이러한 불안은 긴장감을 유발하고, 그로 인해 더 많은 에너지를 투입하여 최선의 결과를 도출하도록 돕는다.

중요한 것은 불안을 지나치게 두려워하거나 억제하려 하지 않는 것이다. 적절히 불안을 받아들이고, 이를 긍정적인 자극으로 삼는 것이 더 나은 결과를 이끌어내는 데 도움이 됨을 기억하자.

51

"적당한 불안감은 내 능력을
끌어올리는 좋은 감정이다."

◆ A reasonable amount of anxiety is a good emotion that enhances my abilities.

◆ Moderate anxiety is a positive feeling that helps improve my skills.

◆ A certain level of anxiety is beneficial as it boosts my capabilities.

Vocabulary

anxiety: 불안감, 걱정 reasonable: 적당한, 합리적인 enhance: 향상시키다, 높이다
moderate: 적당한, 중간 정도의 positive: 긍정적인, 좋은 boost: 증가시키다, 끌어올리다
capability: 능력, 역량

Dialogue

A: I've been feeling a bit anxious about the upcoming presentation.
B: **A reasonable amount of anxiety is a good emotion that enhances your abilities.** It'll help you perform better.
A: I guess you're right. I should use that energy to prepare well.

A: 다가오는 발표에 대해 좀 불안한 느낌이 들어.
B: 적당한 불안감은 너의 능력을 끌어올리는 좋은 감정이야. 더 잘 할 수 있도록 도와줄 거야.
A: 네 말이 맞는 것 같아. 그 에너지를 잘 활용해서 준비해야겠어.

Vocabulary

anxious: 불안한, 걱정하는 upcoming: 다가오는 presentation: 발표 reasonable: 합리적인, 적당한 emotion: 감정 ability: 능력 perform: 수행하다, 공연하다 prepare: 준비하다

Q) 사람들은 생각보다 도움에 인색하지 않음을 알고 계신가요??

조언을 구하거나
부탁하는 것을 주저하지 말자.

많은 사람이 필요할 때 타인에게 도움을 요청하는 것을 주저한다. 하지만 대부분의 경우, 도움을 요청하면 상대방은 기꺼이 응답한다. 사람들은 타인을 돕는 과정에서 기쁨을 느끼며, 예상보다 더 많은 이들이 흔쾌히 손을 내밀어 준다.

물론 모든 요청이 받아들여지는 것은 아니지만, 도움을 받기 위해서는 먼저 용기 내어 요청하는 것이 필수적이다. 또한, 상대방을 배려하는 방식으로 요청하는 태도도 중요하다. 도움을 요청하는 것은 자신의 부족함을 드러내는 것이 아니라, 관계를 형성하고 협력을 이끌어내는 과정이다. 우리는 누구나 혼자 해결할 수 없는 문제를 마주할 수 있으며, 그럴 때 적절한 도움을 받는 것은 더 나은 결과를 만들어내는 중요한 밑거름이 된다.

"조언을 구하거나 부탁하는 것을 주저하지 말자."

◆ Don't hesitate to ask for advice or make requests. In most cases, the other person will be willing to help.

◆ Never be afraid to seek guidance or ask for favors. More often than not, people are willing to listen.

◆ Don't shy away from requesting advice or assistance. In most situations, others are happy to lend a hand.

Vocabulary

hesitate: 주저하다, 망설이다 advice: 조언 request: 요청, 부탁 willing: 기꺼이 하는
seek: 구하다, 찾다 guidance: 지도, 안내 favor: 호의, 부탁
shy away: 피하다, 주저하다 lend a hand: 도움을 주다

Dialogue

A: I'm not sure if I should ask for help with this project.
B: **Don't hesitate to ask for advice.** People are usually willing to help.
A: You're right. I'll reach out to my colleagues for some guidance.

A: 이 프로젝트에 대해 도움을 요청할지 잘 모르겠어.
B: 조언을 구하는 걸 주저하지 마. 사람들은 보통 기꺼이 도와주려고 해.
A: 네 말이 맞아. 동료들에게 도움을 요청할게.

Vocabulary

sure: 확신하는, 확실한 project: 프로젝트, 과제 hesitate: 주저하다, 망설이다
advice: 충고, 조언 right: 옳은, 맞는 reach: 도달하다, 연락하다
colleagues: 동료들 guidanc: 지도, 안내

120　인생 후배분들께

Q) 혹시 다른 사람들이 날 어떻게 볼까 신경 쓰이시나요?

생각보다 사람은 타인에 관심이 없다.

우리는 종종 자신이 중요하다고 느끼고, 다른 사람들도 나와 같은 방식으로 나를 주의 깊게 생각하고 있을 것이라고 생각한다. 그러나 현실은 그렇지 않다. 많은 사람들은 자신의 삶에 몰두하느라 타인에게 그만큼의 관심을 기울이지 않는다. 각자는 자신의 문제, 고민, 일상에 집중하며 살아가기 때문에, 다른 사람의 행동이나 상황에 대해 깊이 신경 쓰지 않는 경우가 많다.

이 사실을 깨닫게 되면 불필요한 걱정이나 불안에서 벗어날 수 있다. 다른 사람이 나를 어떻게 생각할지, 내가 실수한 부분에 대해 어떻게 평가할지 과도하게 신경 쓰는 태도는 결국 자기중심적인 사고에 갇히게 만든다. 타인의 시선에 지나치게 의존하지 않으면, 우리는 더 자유롭고 편안하게, 자신의 본모습대로 자신감을 가지고 살아갈 수 있다. 자신에게 집중하며, 진정한 자유와 행복을 찾는 데 주력하자.

"생각보다 사람은 타인에 관심이 없다."

◆ People are less concerned about others than we often think.

◆ Most people are primarily focused on their own lives and concerns.

◆ The truth is, people tend to think about themselves more than others.

Vocabulary

less: 덜 concerned: 관심 있는 primarily: 주로 own: 자신의 concern: 걱정, 우려
truth: 진실 tend to+동사원형: ~하는 경향이 있다

Dialogue

A: Do you ever feel like people aren't as interested in others as they seem?
B: Yes, I think people are often more focused on their own lives than others'.
A: It's true. Everyone seems to be preoccupied with their own concerns.

A: 사람들은 생각보다 다른 사람들에게 관심이 없다는 느낌이 들 때가 있어?
B: 맞아, 사람들은 종종 다른 사람들보다는 자신의 삶에 더 집중하는 것 같아.
A: 그게 사실이네. 모두들 자기 걱정에 몰두하는 것 같아.

Vocabulary

interested: 관심 있는 seem: ~처럼 보이다
focused: 집중한 preoccupied: 몰두한, 사로잡힌

> 짜증이 잦다면 조심해야 합니다.

짜증은 몸이 보내는 경고 신호다.

짜증은 단순한 감정적 반응이 아니다. 그것은 몸이 보내는 중요한 신호로, 과도한 스트레스나 피로가 누적되었음을 알려준다. 우리가 짜증을 느끼는 것은 단순히 감정적 표현에 그치지 않고, 신체와 정신의 균형이 깨졌다는 경고일 수 있다. 이 신호를 무시하면 더 심각한 건강 문제로 이어질 가능성이 높다.

따라서 짜증을 느낄 때는 그 원인을 파악하고 적절히 대처하는 것이 중요하다. 충분한 휴식과 규칙적인 운동을 실천하며, 스트레스를 효과적으로 관리하는 것이 짜증을 줄이는 데 도움이 된다. 몸이 보내는 신호에 귀 기울이고 필요한 조치를 취하는 것이 건강하고 균형 잡힌 삶을 유지하는 데 중요한 첫걸음이다.

"짜증은 몸이 보내는 경고 신호다."

◆ Irritation is a warning signal from your body.

◆ Feeling annoyed often indicates that something is off balance.

◆ Your body uses frustration to tell you it needs attention.

Vocabulary

irritation: 짜증 warning: 경고 signal: 신호 body: 몸 annoyed: 짜증 난 indicate: 나타내다 off balance: 균형이 깨진 frustration: 좌절, 짜증 attention: 주의, 관심

Dialogue

A: Why do I feel so irritated all the time?
B: **Maybe it's your body telling you to slow down or take a break.**
A: That makes sense. I've been pushing myself too hard lately.

A: 왜 요즘 계속 짜증이 나는 걸까?
B: 아마도 몸이 천천히 하거나 쉬라고 신호를 보내는 걸지도 몰라.
A: 그 말이 맞아. 요즘 너무 무리하고 있었거든.

Vocabulary

irritated: 짜증 난 slow down: 속도를 늦추다 take a break: 휴식을 취하다
push oneself: 무리하다 lately: 최근에

> 칭찬은 사람을 움직이게 합니다.

칭찬은 단순한 말 그 이상이다.

칭찬은 누군가의 자신감을 북돋우고, 세상에 대한 긍정적인 태도를 형성하는 데 큰 힘을 발휘한다. 특히 진심 어린 칭찬은 상대방에게 인정받고 있다는 느낌을 주어 성취감을 높이고, 새로운 도전을 시도할 동기를 부여한다.

하지만 칭찬은 단순히 형식적인 말로 끝나서는 안 되며, 반드시 구체적이어야 한다. 예를 들어, '당신이 한 이 노력 덕분에 이렇게 좋은 결과가 나왔어요'처럼 구체적인 칭찬은 상대방이 자신의 행동과 가치를 명확히 인식하게 하고, 자부심을 느끼도록 돕는다. 이러한 방식은 아이든 어른이든 누구에게나 효과적이다. 우리 주변에는 칭찬이 필요한 사람들이 늘 존재한다. 함께 일하는 동료, 가족, 친구들에게 진심 어린 칭찬을 건네보자. 작은 한마디가 상대방에게 큰 용기와 변화를 선물할 수 있다는 사실을 잊지 말자. 칭찬은 이 세상 모든 이들을 춤추게 하는 강력한 힘이다.

"칭찬은 단순한 말 그 이상이다."

◆ A compliment is more than just words.

◆ It has the power to uplift someone's spirit and build their confidence.

◆ Genuine praise can strengthen relationships and create positive energy.

Vocabulary

compliment: 칭찬 uplift: 격려하다, 고양시키다 spirit: 기운, 영혼 confidence: 자신감
genuine: 진심 어린, 진정한 strengthen: 강화하다 positive energy: 긍정적인 에너지

Dialogue

A: You did an amazing job on the project!
B: Thank you! That really means a lot to me.
A: Keep it up! You're doing great work.

A: 프로젝트에서 정말 잘했어!
B: 고마워! 그 말이 정말 큰 힘이 돼.
A: 계속 그렇게 해! 정말 잘하고 있어.

Vocabulary

amazing job: 훌륭한 일   that really means a lot: 정말 큰 의미가 있다, 정말 큰 힘이 된다
keep it up: 계속 잘하다

Q) 피그말리온 효과를 느껴보신 적이 있으신가요?

피그말리온 효과는 분명히 존재한다.
원하는 것을 마음 속으로 항상 그리자.

피그말리온 효과(Pygmalion effect)는 우리가 다른 사람에게 기대하는 바가 그 사람의 성과에 영향을 미친다는 심리학적 원리이다. 이 원리는 다른 사람뿐만 아니라 나 자신에게도 그대로 적용된다.

원하는 것을 마음속에 그리며 긍정적인 이미지를 떠올리는 것은 단순한 공상이 아니라, 우리의 잠재력을 이끌어내는 중요한 과정이다. 뚜렷한 목표와 믿음은 명확한 방향을 설정해 주고, 어려움 속에서도 포기하지 않는 끈기와 힘을 불어넣는다. 원하는 것을 마음속으로 선명히 그리며, 이를 실현하기 위한 실제적인 노력을 계속하자. 분명 우리의 삶은 스스로 기대했던 모습으로 점점 가까이 다가갈 것이다.

*피그말리온 효과(Pygmalion effect) : 사람의 기대나 믿음이 현실이 되는 심리적 현상

> "피그말리온 효과는 분명히 존재한다.
> 내가 원하는 것을 마음 속으로 항상 그리자."

◆ The Pygmalion effect undoubtedly exists. Always visualize what you want in your mind.

◆ The Pygmalion effect is real. Keep imagining what you desire in your heart.

◆ The Pygmalion effect is certainly real. Continuously picture your goals in your mind.

Vocabulary

undoubtedly: 의심할 여지 없이, visualize: 시각화하다, 마음속에 그리다,
desire: 욕망, 원하는 것, imagine: 상상하다, picture: 그리다, 마음속에 그리다

Dialogue

A: Do you think the Pygmalion effect really works?
B: Absolutely. **When you consistently visualize your goals, you align your actions to achieve them.**
A: That makes sense. Believing in yourself can truly change everything.

A: 너는 피그말리온 효과가 진짜로 작용한다고 생각해?
B: 물론이지. 목표를 지속적으로 시각화하면 행동도 그에 맞춰진다고 봐.
A: 이해가 돼. 자기 자신을 믿는 것이 정말 모든 걸 바꿀 수 있구나.

Vocabulary

effect: 효과 work: 작용하다 goal: 목표 align: 정렬하다, 맞추다 achieve: 이루다
believe: 믿다 change: 변화시키다

Q) 겸손의 힘은 생각보다 큰 걸 아시나요?

타인에게 호감을 주는 최고의 미덕은 겸손이다.

겸손은 사람들 간의 관계를 부드럽게 만들어주고, 호감을 불러일으키는 가장 중요한 덕목 중 하나이다. 겸손한 태도는 상대방에게 진정성을 전달하고, 자신을 낮추는 행동을 통해 신뢰를 쌓는다. 반면, 오만한 태도는 사람들 사이에 거리를 두게 하고, 때로는 갈등을 초래할 수 있다.

진정으로 겸손한 사람은 자신이 가진 가치를 정확히 이해하고, 그것을 과시하기보다는 타인과 조화를 이루는 방향으로 활용한다. 이는 단지 호감을 얻는 것에 그치지 않고, 사람들로 하여금 더 나은 협력과 교감을 이 이끌어내는 힘이 된다. 겸손은 어쩌면 주변 사람들과 더욱 원활하고 행복한 관계를 맺을 수 있는 가장 중요한 핵심이다. 겸손은 생각보다 훨씬 강력한 인생의 처세가 될 수 있다. 겸손을 잃지 말자.

"타인에게 호감을 주는 최고의 미덕은 겸손이다."

◆ Humility is the greatest virtue for earning others' affection.

◆ Being humble is the key to leaving a positive impression on others.

◆ Genuine humility draws people closer and fosters mutual respect. ople are less concerned about others than we often think.

Vocabulary

humility: 겸손 greatest: 가장 큰, 최고의 virtue: 미덕 earn: 얻다, 얻어내다
affection: 호감 humble: 겸손한 key: 핵심, 비결 positive impression: 긍정적인 인상
genuine: 진정한 draw closer: 가까이 끌어당기다 foster: 키우다, 조성하다
mutual respect: 상호 존중

Dialogue

A: What do you think makes someone truly likable?
B: I believe humility plays a major role. It shows that you respect others.
A: That's true. No one likes arrogance, but everyone appreciates a humble attitude.

A: 사람을 정말 호감 가게 만드는 게 뭐라고 생각해?
B: 겸손이 큰 역할을 한다고 봐. 겸손은 상대를 존중한다는 걸 보여주니까.
A: 맞아. 오만한 태도는 누구도 좋아하지 않지만, 겸손한 태도는 모두가 인정하지.

Vocabulary

likable: 호감 가는 play a role: 역할을 하다 respect: 존중하다
arrogance: 오만 appreciate: 인정하다, 감사하다 attitude: 태도

성과를 내기 위한 마인드셋

삶에서 성과를 이루기 위해서는 특별한 마인드셋이 필요합니다.

열다섯 가지 이야기가 당신을 성공과 성취의 길로 이끌어줄 것입니다.

* 마인드셋(Mindset) : 특정 상황이나 문제를 바라보는 개인의 사고방식이나 태도, 믿음.

Part 3

Mindset for Achieving Results

— 15 Stories —

계획이 없다는 것은 생각보다 심각합니다.

계획이 없다는 것은 마치 실패할 계획을 가지고 있는 것과 같다.

우리는 인생에서 다양한 목표를 가지고 살아가지만, 목표를 향해 나아가기 위한 계획이 없다면 그 목표는 단지 막연한 꿈에 그칠 수 있다. 계획은 우리가 가야 할 길을 명확하게 제시해 주는 지도와 같다. 계획이 없다면 우리는 목적지 없이 헤매기 쉬우며, 결국 시간이 지나면서 무기력하고 방향을 잃게 될 수 있다.

목표를 향한 여정에서 계획이 명확하지 않다면 예상치 못한 문제나 장애물에 부딪혔을 때 쉽게 흔들리게 된다. 그때마다 대처할 방법이 부족하고, 결국 실패를 맞이할 가능성이 높아진다. 반면, 구체적인 계획을 세운다면 문제를 예측하고, 그에 맞는 해결책을 준비할 수 있다. 계획을 세운다는 것은 실패의 위험을 줄이고, 성공에 가까워질 확률을 높여주는 중요한 역할을 한다.

"계획이 없다는 것은 마치 실패할 계획을 가지고 있는 것과 같다."

◈ Not having a plan is like having a plan to fail.

◈ A lack of planning is essentially planning to fail.

◈ Without a plan, you are unconsciously setting yourself up for failure.

Vocabulary

lack: 부족, 결여 essentially: 본질적으로 unconsciously: 무의식적으로
set up: 설정하다, 준비하다 failure: 실패

Dialogue

A: I don't know what to do next.
B: You need a plan. **Without one, you're just setting yourself up for failure.**
A: You're right, I need to get organized and create a roadmap.

A: 뭘 해야 할지 모르겠어.
B: 계획이 필요해. 계획이 없으면 실패를 준비하는 거야.
A: 맞아, 정리하고 로드맵을 만들어야겠어.

Vocabulary

know: 알다 do: 하다 next: 다음 need: 필요하다 plan: 계획
without: 없이 set up: 준비하다, 설정하다 organize: 정리하다
create: 만들다, 창조하다 roadmap: 계획, 로드맵

> 머리 속 계획과 글로 쓴 계획은 전혀 다릅니다.

계획은 반드시 글로 써서
눈에 띄는 곳에 두어야 한다.

계획을 세우는 것만으로는 충분하지 않다. 그것을 실제로 지속적으로 실천하기 위해서는 계획을 명확하게 시각화하고, 지속적으로 상기할 필요가 있다. 글로 계획을 작성하고 눈에 띄는 곳에 두는 것은 계획을 일상에서 자연스럽게 의식할 수 있게 도와준다.

계획이 단순히 머릿속에만 있으면 흐려지기 쉽고, 시간이 지나면서 점차 잊히거나 무시될 수 있다. 반면, 눈에 띄는 곳에 두면 목표에 대한 동기부여를 끊임없이 받을 수 있다. 글로 적은 계획은 우리가 실천해야 할 중요한 일들을 명확히 상기시켜 주고, 그 진행 상황을 체크하면서 지속적으로 목표를 향해 나아갈 수 있는 힘을 준다. 생각보다 문자의 힘은 강력하다. 반드시 글로 써서 눈에 잘 띄는 곳에 두도록 하자.

"계획은 반드시 글로 써서 눈에 띄는 곳에 두어야 한다."

◆ Plans should be written down and placed somewhere visible.

◆ Writing your goals and keeping them in sight increases the likelihood of success.

◆ The act of writing makes a plan more concrete and actionable.

Vocabulary

plan: 계획 write down: 적다 place: 두다 visible: 눈에 띄는 goal: 목표
sight: 시야 increase: 증가하다 likelihood: 가능성 success: 성공
act: 행위 concrete: 구체적인 actionable: 실행 가능한

Dialogue

A: How do you stay focused on your goals?
B: **I write them down and place them somewhere I can see them every day.**
A: That's a great idea! It's easy to forget goals if they're not right in front of you.

A: 어떻게 목표에 집중하고 있어?
B: 나는 목표를 적어서 매일 볼 수 있는 곳에 두고 있어.
A: 좋은 생각이다! 목표가 눈앞에 없으면 잊어버리기 쉽지.

Vocabulary

focus: 집중하다 place: 두다 right in front of you: 바로 눈앞에

꾸준함은 생각보다 힘들지만 강력한 힘입니다.

꾸준함은 비범함을 이긴다.

세상에는 특별한 재능을 가진 사람들이 많다. 이들은 종종 빠르게 두각을 나타내며 주목받는다. 그러나 시간이 지나면서 그 재능이 지속적으로 빛을 발하는지, 아니면 일시적인 것이었는지 점차 드러나기 마련이다.

꾸준함은 매일 작은 성취를 쌓아가는 것이다. 처음엔 별다른 변화가 느껴지지 않을 수 있지만, 시간이 흐르면 그 차이는 분명해진다. 꾸준함이란 생각보다 어렵고 고통스러운 과정이다. 나이가 들수록 특별한 재능보다 꾸준함을 가진 사람이 더 큰 성과를 이루는 경우를 자주 보게 된다. 꾸준함은 성공을 이끄는 가장 강력한 힘이다.

"꾸준함은 비범함을 이긴다."

◆ **Consistency beats talent.**

◆ **Perseverance triumphs over exceptional ability.**

◆ **Steady effort outshines extraordinary skill.**

Vocabulary

consistency: 꾸준함 beat: 이기다 talent: 재능 perseverance: 인내
triumph: 승리하다 exceptional: 비범한
ability: 능력 steady: 꾸준한 effort: 노력 outshine: ~보다 더 뛰어나다
extraordinary: 특별한 skill: 기술

Dialogue

A: Do you think natural talent is enough for success?
B: Not at all. **Consistency is the key. Talent can only take you so far, but steady effort wins in the long run.**
A: That's true. Perseverance always pays off.

A: 타고난 재능만으로 성공할 수 있다고 생각해?
B: 전혀 아니야. 꾸준함이 중요하지. 재능은 한계가 있지만, 꾸준한 노력이 결국엔 이기는 법이지.
A: 맞아. 인내는 항상 성과를 올리지 마련이야.

Vocabulary

natural: 타고난, 자연적인 enough: 충분한
key: 열쇠 so far: 어느 정도까지는, 지금까지
in the long run: 결국 pay off: 성공하다, 성과를 올리다

Q) 너무 많은 일을 혼자하려고 하고 있진 않나요?

나보다 더 잘 하지 못하더라도
타인에게 위임할 수 있는
결단이 필요하다.

우리는 종종 모든 일을 스스로 해결해야 한다고 생각하며, 완벽하게 해내려고 애쓴다. 그러나 아무리 능력이 뛰어나도 한 사람의 시간과 에너지에는 한계가 있다. 때로는 내가 더 잘할 것 같다는 생각에 일을 타인에게 맡기지 못하는 경우가 많지만, 이런 생각은 오히려 부담만 가중할 수 있다.

타인에게 일을 위임하는 능력은 중요한 리더십의 한 부분이지만, 그 과정은 때때로 쉽지 않다. 때로는 약간의 용기를 필요로 하기도 한다. 내가 잘하는 일에 집중하고, 다른 사람이 잘할 수 있는 일은 맡기는 것이 결국 더 큰 성과를 가져올 수 있음을 기억하자.

"나보다 더 잘 하지 못하더라도
타인에게 위임할 수 있는 결단이 필요하다."

◆ Sometimes, it's necessary to delegate tasks, even if others aren't as skilled.

◆ The ability to delegate, even when you think someone may not do it as well, is crucial.

◆ A good leader knows when to assign responsibilities, regardless of the skill level.

Vocabulary

delegate: 위임하다 tasks: 업무 skilled: 능숙한 ability: 능력 crucial: 중요한
leader: 리더 assign: 할당하다 responsibility: 책임 regardless of: ~에 관계없이

Dialogue

A: Do you always do everything yourself, or do you delegate tasks?
B: I used to try to do everything, but I've realized that **delegating is essential, even if I think others might not do it as well.**
A: I agree. Sometimes letting go is the best choice.

A: 항상 모든 일을 스스로 하니, 아니면 업무를 위임하니?
B: 예전엔 모든 걸 직접 하려고 했지만, 이제는 다른 사람이 잘하지 못할 것 같아도 위임하는 것이 필수적이라는 걸 깨달았어.
A: 동의해. 때로는 내려놓는 것이 가장 좋은 선택일 때가 있지.

Vocabulary

realize: 깨닫다 essential: 필수적인 let go: 내려놓다
best choice: 최고의 선택

불편함은 변화와 발전의 시작일 수 있습니다.

변화는 불편함 속에서 시작된다.

우리는 익숙한 환경에서 벗어나는 걸 두려워한다. 새로운 변화가 불편함을 가져오고, 그 불편함이 우리를 주저하게 만들기 때문이다. 하지만 역설적으로, 변화는 불편함 속에서 가장 강력하게 일어난다. 불편함을 느낄 때, 그것은 새로운 경험과 도전이 우리 앞에 있다는 신호다. 이 불편함이야말로 성장과 발전의 시작이다.

많은 사람들이 불편함을 피하려 하지만, 진정한 변화는 그 속에서 이루어짐을 기억해야 한다. 더 나은 사람이 되기 위해서는 불편함을 마주하고 극복해야 한다. 불편함을 두려워하지 않고, 오히려 성장의 자연스러운 일부로 받아들인다면, 우리는 더 큰 변화를 경험할 수 있다. 그것이 편안함 뒤에 숨지 말고, 불편함 속으로 한 걸음 내딛는 용기가 누구에게나 필요한 이유이다.

"변화는 불편함 속에서 시작된다."

◆ Change begins in discomfort.

◆ Growth often requires stepping out of your comfort zone.

◆ To experience true transformation, you must embrace the discomfort that comes with change.

Vocabulary

change: 변화 begin: 시작된다 discomfort: 불편함 growth: 성장
comfort zone: 안전지대 embrace: 받아들이다 transformation: 변화

Dialogue

A: Why do you think change is so hard for people?
B: Because change always begins in discomfort, and most people avoid discomfort.
A: That's true. But **only by embracing discomfort can we truly grow.**

A: 왜 사람들은 변화를 그렇게 힘들어할까?
B: 변화는 항상 불편함 속에서 시작되기 때문에 대부분의 사람들이 불편함을 피하려 해.
A: 맞아. 하지만 불편함을 받아들여야만 진정으로 성장할 수 있어.

Vocabulary

embrace: 받아들이다, 수용하다 avoid: 피하다 truly: 진정으로 grow: 성장하다

Q) 인생에서 완벽한 때라는 게 있을까요?

무언가를 시작하기에 완벽한 순간은 없다. 지금이 가장 좋은 때다.

우리 인생에 완벽한 순간이란 없다. 완벽한 타이밍을 기다리는 동안, 기회는 어느새 우리 곁을 떠나버린다. 꼭 해야 할 일이 있다면, 여건이 불완전하더라도 지금 시작하는 것이 최선의 선택이다.

물론, 준비가 부족하다고 느끼는 상황에서 첫발을 내딛는 것은 쉽지 않다. 불안하고 두렵기도 하다. 하지만 그 발걸음이 바로 변화를 만드는 출발점이다. 기다리기만 해서는 아무런 결과도 얻을 수 없다. 조금씩이라도 앞으로 나아가며 스스로 완벽한 순간을 만들어 나가야 한다. 지금 할 수 있는 작은 일부터 시작해 보자. 첫걸음을 내딛는 순간, 변화가 시작된다.

"무언가를 시작하기에 완벽한 순간은 없다.
지금이 가장 좋은 때다."

◆ There is no perfect moment to start something. Now is the best time.

◆ Waiting for the "perfect" time will only delay progress.

◆ The best time to take action is always the present moment.

Vocabulary

perfect: 완벽한 moment: 순간 start: 시작하다 now: 지금 delay: 지연시키다
progress: 진척, 진전, 진행 action: 행동

Dialogue

A: I've been thinking about starting a new project, but I'm waiting for the perfect time.
B: **There's no perfect moment to start something. Now is the best time to begin.**
A: You're right. I should stop waiting and just take action.

A: 새로운 프로젝트를 시작하려고 생각했는데, 완벽한 시간이 올 때까지 기다리고 있어.
B: 무언가를 시작하기에 완벽한 순간은 없어. 지금이 가장 좋은 때야.
A: 맞아. 기다리지 말고 그냥 행동을 취해야겠어.

Vocabulary

project: 프로젝트 wait: 기다리다 take action: 행동을 취하다
begin: 시작하다

만족이란 단어에 100%란 없습니다.

모든 사람을 만족시키려는 것은 매우 어리석다.

모든 사람을 만족시키려는 노력은 결국 우리에게 큰 부담이 될 뿐이다. 사람마다 기대하는 바가 다르고, 그 기대를 모두 충족시키는 것은 불가능하다. 이런 시도는 우리를 지치게 만들고, 심지어 자신의 본모습을 잃게 할 수도 있다. 대신, 정말 중요한 일에 집중하고, 소중한 사람들에게 시간과 에너지를 투자하는 것이 더 의미 있는 선택이 될 수 있다.

모두를 기쁘게 하려 하기보다, 자신만의 방식으로 살아가는 것이 더 큰 행복을 가져온다. 무엇이 자신에게 진정으로 중요한지를 알게 되면, 외부의 기대나 압박에 휘둘리지 않고 내면의 목소리에 귀 기울일 수 있다. 이는 불필요한 갈등을 줄이고, 나답게 살아갈 수 있는 자유를 선물한다.

64

"모든 사람을 만족시키려는 것은 매우 어리석다."

◈ Trying to please everyone is foolish.

◈ It's impossible to satisfy everyone, and it often causes unnecessary stress.

◈ The effort to please others can take away from focusing on what truly matters.

Vocabulary

please: 기쁘게 하다 foolish: 어리석은 impossible: 불가능한 satisfy: 만족시키다
effort: 노력 truly: 진정으로 matter: 중요하다

Dialogue

A: Why do you think trying to please everyone is a bad idea?
B: **Because it's impossible to satisfy everyone, and it can cause unnecessary stress.**
A: That's true. We should focus on what truly matters instead.

A: 왜 모든 사람을 만족시키려는 것이 나쁜 생각이라고 생각하니?
B: 모든 사람을 만족시키는 것은 불가능하고, 불필요한 스트레스를 유발할 수 있기 때문이야.
A: 사실이야. 대신 우린 진정으로 중요한 것에 집중해야 해.

Vocabulary

focus: 집중하다

Q) 약점을 강점으로 커버하는 게 쉬울까요?

자신의 강점에 집중하자.

우리는 모두 저마다의 강점과 약점을 가지고 있다. 하지만 우리는 종종 약점을 극복하는 데 너무 많은 에너지를 낭비하곤 한다. 물론 약점을 개선하는 것도 중요하지만, 진짜 중요한 건 자신의 강점에 집중하고 이를 더 발전시키는 것이다.

강점에 집중하는 것이 더 효과적인 이유는 약점은 아무리 노력해도 쉽게 바뀌지 않는 경우가 많기 때문이다. 오히려 고치기 힘든 약점은 그대로 두고, 약점을 강점으로 보완하는 것이 더 실용적이고 효율적이다. 강점을 키우는 과정에서 우리는 자연스럽게 자신감을 얻고, 이는 더 큰 성취로 이어진다. 약점에 발목 잡히기보다는 강점을 활용하는 것이 우리가 더 멀리 나아갈 수 있는 길이다. 내가 잘하는 것에 집중하자. 그것이 나를 빛나게 한다.

"자신의 강점에 집중하자."

◆ Focus on your strengths.

◆ Emphasizing what you're good at can lead to greater success.

◆ Building on your strengths is often more effective than trying to improve weaknesses.

Vocabulary

focus: 집중하다 strength: 강점 emphasize: 강조하다 effective: 효과적인
improve: 개선하다 weakness: 약점

Dialogue

A: I've been struggling with some of my weaknesses at work lately.
B: **Instead of focusing on your weaknesses, try focusing on your strengths.**
A: That's a good idea. I'll work on developing what I'm already good at.

A: 요즘 일에서 내 약점 때문에 고생하고 있어.
B: 약점에 집중하는 대신, 너의 강점에 집중해 봐.
A: 좋은 생각이야. 내가 이미 잘하는 부분을 더 발전시켜야겠어.

Vocabulary

struggle: 고생하다 focus: 집중하다 develop: 개발하다, 발전시키다

기한없는 목표는 없는 것이나 마찬가지입니다.

목표에는 반드시 명확한 기한이 있어야 한다.

기한이 없는 목표는 종종 단순한 바람이나 희망에 그치기 쉽다. 구체적인 계획을 세우는 것도 어려워진다. 하지만 기한은 목표를 향한 강력한 동기를 제공하며, 우리가 그 목표를 향해 나아가게 하는 원동력이 된다.

명확한 기한을 설정하면 시간을 효과적으로 관리할 수 있고, 매일 해야 할 일을 더 구체적으로 파악할 수 있다. 반면, 기한이 없다면 계획은 흐릿해지고 미뤄지기 쉬우며, 결국 목표를 이루지 못할 가능성이 커진다. 기한을 정하고 이를 지키려 노력하면 더 집중하고 효율적으로 일을 처리할 수 있다. 목표에 기한을 부여하는 것은 목표 달성을 향한 중요한 첫걸음이다.

"목표에는 반드시 명확한 기한이 있어야 한다."

◆ A goal must always have a clear deadline.

◆ Setting a time frame for goals increases the likelihood of achieving them.

◆ Without a deadline, a goal can easily turn into a mere wish.

> Vocabulary

goal: 목표 must: 반드시 ~해야 한다
clear: 명확한 deadline: 기한 time frame: 기간 increase: 증가시키다
likelihood: 가능성 achieve: 이루다 wish: 바람, 소망

> Dialogue

A: Do you think it's important for a goal to have a deadline?
B: Absolutely. **Without a deadline, it's hard to stay focused.**
A: A clear time frame keeps you accountable.

A: 목표에 기한이 있는 게 중요하다고 생각해?
B: 당연하지. 기한이 없으면 집중하기가 힘들어.
A: 그 말이 맞아. 명확한 시간 범위는 책임감을 유지하게 해주지.

> Vocabulary

important: 중요한 deadline: 기한 focused: 집중된
accountable: 책임감 있는

삶의 진정한 행복을 이루려면?

일과 개인 생활의 균형을 이루어야 한다.

현대 사회에서는 일에 집중하는 시간이 점점 길어지면서 개인 생활이 희생되는 경우가 많다. 그러나 일만이 삶의 전부가 되어서는 안 된다. 일과 개인 생활의 균형을 맞추는 것은 정신적, 신체적 건강을 유지하는 데 필수적이다. 지나치게 일에 몰두하면 스트레스와 피로가 쌓여 결국 삶의 질이 급격히 떨어질 수 있다.

개인 시간을 충분히 가지면 재충전할 기회를 얻을 수 있다. 취미를 즐기고, 가족이나 친구들과 시간을 보내거나, 자기 계발에 투자하는 등 개인적인 행복과 성장을 추구할 수 있다. 물론, 일에서 얻는 성취감도 중요하지만, 균형 잡힌 삶에서 오는 만족감 역시 무시할 수 없다. 진정한 행복은 일과 개인 생활의 조화에서 비롯된다는 사실을 기억하자.

"일과 개인 생활의 균형을 이루어야 한다."

◆ Work and personal life must be balanced.

◆ Maintaining a balance prevents burnout and enhances well-being.

◆ A healthy work-life balance leads to greater productivity and happiness.

Vocabulary

work: 일 personal: 개인의 balanced: 균형 잡힌
maintain: 유지하다 balance: 균형 prevent: 막다 burnout: 탈진 enhance: 향상시키다
well-being: 웰빙, 안녕 productivity: 생산성 happiness: 행복

Dialogue

A: How do you keep a good work-life balance?
B: I set boundaries and make time for myself.
A: That's a smart approach. It's important to avoid burnout.

A: 어떻게 워라벨 잘 유지해?
B: 나만의 한계를 설정하고 나를 위한 시간을 만들어.
A: 똑똑한 방법이네. 번아웃을 피하는 게 중요하지.

Vocabulary

keep: 유지하다 good: 좋은 boundary: 경계 work-life balance: 일과 삶의 균형
smart: 똑똑한 approach: 접근법 avoid: 피하다

> 결국 중요한 것은 사람과의 관계입니다.

다양한 사람과의 네트워크를 쌓자.

모든 중요한 일은 결국 사람과 사람 사이에서 일어난다. 진부하게 들릴 수 있지만, 이는 확실한 진리다. 다양한 사람들과 네트워크를 쌓는 것은 업무적인 이점만 제공하는 것이 아니라, 삶의 여러 면에서 큰 가치를 지닌다. 새로운 시각과 경험을 얻고, 예기치 못한 기회를 맞이할 수 있다. 네트워크가 확장될수록, 서로 다른 배경을 가진 사람들과의 교류가 활발해지고, 그 속에서 창의적인 아이디어나 협업의 기회가 생겨난다.

네트워크의 힘은 내가 한 분야에서 뛰어난 존재로 자리 잡고 있을 때 더욱 강력하다. 조금 불편한 이야기일 수 있지만, 인맥 관리의 핵심은 내가 한 분야에서 두각을 나타내는 것이다. 그렇게 되면 자연스레 좋은 인맥이 형성된다. 이때, 나는 다양한 사람들과의 만남을 통해 내 역량을 넓히고, 동시에 다른 이들에게도 긍정적인 영향을 미칠 수 있다.

"다양한 사람과의 네트워크를 쌓자."

◆ **Build a network with a variety of people.**

◆ **Connecting with different people can open doors to new opportunities.**

◆ **A diverse network enriches your life in unexpected ways.**

Vocabulary

build: 쌓다　network: 네트워크 (긴밀한 사람, 기업체 등의) 망[관계]
variety: 다양성　connect: 연결하다　different: 다양한　open doors: 기회를 열다
diverse: 다양한　enrich: 풍요롭게 하다

Dialogue

A: How do you think I can improve my career prospects?
B: **One way is to build a network with a variety of people.**
A: That makes sense. I'll start attending more events to meet new people.

A: 내 경력 전망(직업에서의 발전 가능성, 장래성)을 어떻게 향상시킬 수 있을까?
B: 다양한 사람들과의 네트워크를 쌓는 방법이 있어.
A: 그 말이 맞네. 새로운 사람들을 만나기 위해 더 많은 행사에 참석할게.

Vocabulary

prospect: 가능성, 전망　improve: 향상시키다　attend: 참석하다　event: 행사

두렵지만 반드시 해야 하는 것, 도전입니다!

성공의 반대는 실패가 아니라 도전하지 않는 것!

성공과 실패는 종종 서로 반대되는 개념으로 여겨지지만, 그것을 옳지 않다. 성공의 진정한 반대는 실패가 아니라, 도전조차 하지 않는 것이다. 실패는 적어도 시도와 노력이 있었다는 것을 의미하며, 그 과정에서 성장하고 있다는 증거다. 반면 도전을 포기하는 것은 아무런 변화 없이 아무것도 배우지 못한 채 제자리에 머물러 있다는 의미가 될 수 있다.

도전하지 않는 것은 실패를 두려워하거나, 안전한 현재 상태에 안주하려는 마음에서 비롯된다. 그러나 성공은 이러한 두려움과 안주를 극복할 때 비로소 다가온다. 도전은 단지 결과를 위한 과정이 아니다. 그것은 성장하고 배워가는 여정이다. 도전 속에서 우리는 자신의 한계를 시험하고, 실패를 통해 새로운 가능성을 발견하며, 결국 더 나은 자신으로 나아감을 잊지 말자.

"성공의 반대는 실패가 아니라 도전하지 않는 것!"

◆ The opposite of success is not failure but not trying.

◆ True failure lies in the refusal to take a chance.

◆ Taking no action is the only guaranteed way to avoid success.

Vocabulary

success: 성공 opposite: 반대 failure: 실패 try: 시도하다
refusal: 거부 take a chance: 기회를 잡다 action: 행동
guaranteed: 보장된

Dialogue

A: I'm afraid I might fail if I try this new business idea.
B: But if you don't try, you'll never know if you could have succeeded.
A: So, **the real failure is not trying at all?**
B: Exactly. **You miss every opportunity you don't take.**

A: 이 새로운 사업 아이디어를 시도하다가 실패할까 봐 두려워.
B: 하지만 시도하지 않으면 성공했을지 알 수 없잖아.
A: 그럼 진짜 실패는 아예 시도조차 하지 않는 거야?
B: 맞아. 시도하지 않는 모든 기회를 놓치는 거니까.

Vocabulary

afraid: 두려운 fail: 실패하다 business idea: 사업 아이디어
real: 진짜의 opportunity: 기회 miss: 놓치다

성공하고 싶다면, 성공한 사람들의 발자취를 따라가 보세요.

성공하고 싶다면, 이미 성공한 사람을 따라 해보는 것부터 시작해야 한다.

성공의 길을 찾는 가장 중요한 방법 중 하나는 경험이 풍부한 사람들의 길을 배우는 것이다. 이미 성공을 거둔 사람들은 그들만의 경험에서 얻은 귀중한 교훈을 가지고 있다. 그들의 성공적인 전략과 사고방식을 배우고 이를 적용하는 것은 빠르고 효과적인 방법이 될 수 있다.

먼저 성공한 이들의 실패와 성공에서 얻은 교훈은 우리에게 큰 인사이트를 제공한다. 하지만 모든 사람이 성공한 이들의 방식을 그대로 따를 필요는 없다. 그들의 행동 패턴과 사고방식을 분석하고, 자신에게 맞는 요소를 선별하여 실천에 옮기기만 해도 훨씬 더 나은 결과를 얻을 수 있다. 흔히 성공은 복잡하고 추상적으로 느껴질 수 있다. 그러하기에 이미 성공한 사람들의 명확한 발자취를 따르는 것은 뭔가를 이루기 위한 가장 실용적이고 효과적인 출발점이 될 것이다.

"성공하고 싶다면, 이미 성공한 사람을
따라 해보는 것부터 시작해야 한다."

◆ If you want to succeed, start by following those who have already succeeded.

◆ Learning from successful people is the first step toward success.

◆ Emulating the habits of achievers can lead you closer to your goals.

Vocabulary

succeed: 성공하다 follow: 따라하다 already: 이미 successful: 성공한
learning: 배우는 것 step: 단계 toward: ~를 향해 emulate: 모방하다 habit: 습관
achiever: 성취자 goal: 목표

Dialogue

A: I want to be successful, but I don't know where to begin.
B: Why not start by observing and learning from successful people?
A: Do you think copying their habits will work for me?
B: It's a proven method. Success often leaves clues.

A: 성공하고 싶은데 어디서부터 시작해야 할지 모르겠어.
B: 성공한 사람들을 관찰하고 배우는 것으로 시작해 보면 어때?
A: 그들의 습관을 따라 하는 게 나에게도 효과가 있을까?
B: 검증된 방법이야. 성공은 흔적을 남기기 마련이니까.

Vocabulary

begin: 시작하다 observe: 관찰하다 copy: 따라 하다 work: 효과가 있다
proven: 입증된 method: 방법 clue: 단서

Q) 아침에 이불 개는 습관이 매우 중요하단걸 아시나요?

아침에 일어나면 이불부터 꼭 개자.
작은 약속과 성공이 중요하다.

— William McRaven

아침에 이불을 개는 것처럼 간단한 행동이라도 성실하게 해내는 습관이 중요하다. 작은 약속을 지키며 하루를 시작하면, 하루 일과의 첫 번째 성공을 경험할 수 있다. 이러한 작은 성공들은 자존감을 높이고, 점차 더 큰 성과로 이어질 가능성을 열어준다.

이불을 개는 일은 단순한 정리정돈이 아니라, 자신과의 약속을 지키는 첫걸음이자 자기 관리의 시작이다. 이 작은 행동은 '나는 할 수 있다'는 믿음을 심어주며, 하루의 나머지 일에도 긍정적인 영향을 미친다. 반대로 아침을 허투루 시작하면 하루 전체가 쉽게 흐트러지고, 작은 약속을 지키지 않는 습관은 성취를 이루는 데 큰 방해물이 된다. 간단한 아침의 행동이 하루를 넘어 삶 전체를 조직적이고 의미 있는 방향으로 이끄는 중요한 열쇠임을 기억하자.

**"아침에 일어나면 이불부터 꼭 개자.
작은 약속과 성공이 중요하다."**

◆ Start your day by making your bed; small commitments build big success.

◆ Keeping a promise to yourself, even a simple one, sets a positive tone for the day.

◆ Success begins with discipline in the smallest tasks.

Vocabulary

start: 시작하다 make the bed: 이불을 정리하다 small: 작은 commitment: 약속, 헌신
build: 쌓다 success: 성공 promise: 약속 positive: 긍정적인
tone: 분위기 discipline: 규율, 절제 task: 일, 과제

Dialogue

> A: Why do people say making your bed in the morning is important?
> B: It's a simple task that gives you a sense of accomplishment to start the day.
> A: Can such a small thing really matter?
> B: Absolutely. It sets the tone for achieving more throughout the day.

A: 왜 아침에 이불을 정리하는 게 중요하다고들 할까?
B: 하루를 시작하면서 성취감을 주는 간단한 일이니까.
A: 그렇게 작은 일이 정말 중요한 걸까?
B: 물론이지. 하루 종일 더 많은 것을 이뤄낼 수 있는 분위기를 만들어 주거든.

Vocabulary

important: 중요한 simple: 간단한 accomplishment: 성취
sense: 감각, 느낌 matter: 중요하다 achieve: 이루다

> 새로운 걸 시도하면 누구나 틀리고 실수합니다. 예외는 없습니다.

틀릴 각오를 하지 않으면 아무것도 시도할 수 없다.

우리가 지금 당연히 누리는 많은 것들은 누군가의 다양한 시도와 그 과정에서의 수많은 틀림과 실패 덕분에 가능했다. 창의적인 일이나 새로운 도전에서는 실패를 받아들이는 용기가 더욱 중요하다. 익숙하지 않은 영역에 발을 들여놓는 일은 언제나 시행착오를 동반하지만, 그 과정에서 새로운 아이디어를 발견하고 성장할 기회를 얻을 수 있음을 우리는 잘 알고 있다.

틀려도 괜찮다는 마음가짐과 실패 후 다시 도전하겠다는 의지가 바로 그 성장을 이끌어낸다. 틀림, 실수, 실패는 결코 잘못된 것이 아니다. 오히려 이런 것들을 겪지 않는 삶이 다소 무료하고 정체된 삶일 수 있다. 실수와 실패는 무엇이 효과적이고 무엇이 그렇지 않은지를 배우는 귀중한 경험의 과정이 됨을 잊지 말자.

"틀릴 각오를 하지 않으면 아무것도 시도할 수 없다."

◆ Without the courage to make mistakes, you can't attempt anything.

◆ Fear of failure often holds us back from trying.

◆ Embrace the possibility of being wrong as a step toward growth.

Vocabulary

courage: 용기 attempt: 시도하다 fear of failure: 실패에 대한 두려움
hold back: 방해하다, 주저하게 하다 embrace: 받아들이다 possibility: 가능성
growth: 성장

Dialogue

A: I'm afraid of trying something new because I might fail.
B: **You can't succeed without risking mistakes.**
A: I guess I should just start and learn as I go.

A: 새로운 것을 시도하다가 실패할까 봐 두려워.
B: 실수를 감수하지 않으면 성공할 수 없어.
A: 맞아, 일단 시작하고 배워나가야겠어.

Vocabulary

be afraid of: ~을 두려워하다 try something new: 새로운 것을 시도하다
risk: 위험을 감수하다 succeed: 성공하다 learn as one goes: 해 나가면서 배우다

Part 4

행복과 교양 있는 삶

인생이라는 항해의 최종 목적지는 행복입니다.

행복을 가까이 두는 법과 나를 돋보이게 하는 교양을 쌓는 방법에 대한

열세 가지 이야기를 전해드립니다.

Part 4

A life of happiness and sophistication

- 13 Stories -

> 취향은 내가 누구인지 말해줍니다.

자신만의 구체적이고도 고유한 취향을 가져야 한다.

자신만의 구체적이고 고유한 취향을 갖는 것은 삶의 질을 높이고, 진정성 있는 삶을 살아가는 데 중요한 요소다. 남들이 좋아하는 것에 휩쓸리거나 일시적인 트렌드에 따라 행동하기보다는, 자신이 진정으로 가치 있게 여기는 것에 집중하는 것이 중요하다. 이를 통해 우리는 자신만의 색깔과 스타일을 만들어 나갈 수 있다.

고유한 취향을 가지면, 우리는 외부의 영향에 쉽게 흔들리지 않고, 스스로의 기준에 따라 삶을 주도적으로 이끌어나갈 수 있다. 또한, 이러한 취향은 우리가 선택하는 일, 사람, 환경 등 삶의 전반에 걸쳐 영향을 미치며, 원하는 방향으로 나아갈 수 있는 힘이 된다. 자신의 취향을 알아가는 과정은 곧 자기 자신을 이해하는 과정이며, 삶을 더 풍요롭고 의미있게 만드는 첫걸음임을 기억하자.

> **"자신만의 구체적이고도
> 고유한 취향을 가져야 한다."**

◆ One must cultivate specific and unique tastes of their own.

◆ Having a distinctive preference sets you apart from others.

◆ Your personal taste defines who you are and what you stand for.

(Vocabulary)

cultivate: 계발하다 specific: 구체적인 unique: 고유한 taste: 취향
distinctive: 독특한 preference: 선호 set apart: 차별화하다 define: 정의하다
stand for: 상징하다

(Dialogue)

A: Why do you think having unique tastes is so important?
B: Because it reflects your individuality and makes you stand out.
A: That's true. I think I need to work on discovering my own preferences.

A: 왜 고유한 취향을 가지는 게 그렇게 중요하다고 생각해?
B: 그건 개성을 반영하고, 널 돋보이게 해주니까.
A: 맞아. 나만의 취향을 발견하는 데 더 노력해야 할 것 같아.

(Vocabulary)

reflect: 반영하다 individuality: 개성 stand out: 돋보이다 discovering: 발견하는
preference: 선호, 좋아하는 것

> 세상에 대한 열린 마음, 그것이 나를 성장하게 만듭니다.

배움과 성장에 대한
열린 마음을 가져야 한다.

배움과 성장은 삶에서 끊임없이 이어지는 과정이어야 한다. 우리가 어떤 분야에서든 발전하고 싶다면 열린 마음을 갖는 것이 필수적이다. 배움은 단순히 교실에서 지식을 얻는 것에 그치지 않는다. 진정한 배움은 경험을 통해, 실패를 통해, 타인과의 소통을 통해 이루어진다. 열린 마음을 가진다면 새로운 아이디어와 관점을 받아들이는 데 두려움이 없어지며, 이는 곧 나의 성장을 의미한다. 참치가 바다에서 헤엄을 멈추지 않듯, 사람은 열린 마음으로 결코 배움에 대한 호기심을 멈추어서는 안 된다.

때로는 기존의 생각이나 습관을 바꾸는 것이 어려울 수 있다. 과거에 고수해 왔던 방식이 항상 옳다고 믿는 것은 스스로 성장할 기회를 제한하는 것이다. 다른 사람들의 의견이나 새로운 방법의 배움을 통해 더 효과적인 결과를 얻을 수 있다는 점을 잊지 말자.

"배움과 성장에 대한 열린 마음을 가져야 한다."

◆ One must have an open mind for learning and growth.

◆ Embracing new ideas is key to personal development.

◆ The willingness to learn helps you evolve and adapt to new challenges.

Vocabulary

open mind: 열린 마음 learning: 배움 growth: 성장 embrace: 포용하다
idea: 아이디어 key: 핵심 personal development: 개인적 발전
willingness: 기꺼이 하려는 마음 evolve: 발전하다 adapt: 적응하다
challenge: 도전

Dialogue

A: How do you think having an open mind can benefit us?
B: It allows us to learn new things and grow from different experiences.
A: That's right. Without an open mind, we would be stuck in our ways and never improve.

A: 열린 마음을 가지는 것이 우리에게 어떤 도움이 된다고 생각해?
B: 열린 마음은 우리가 새로운 것을 배우고 다양한 경험에서 성장할 수 있게 해줘.
A: 맞아. 열린 마음이 없으면 우리는 기존의 방식에 갇혀서 절대 발전할 수 없을 거야.

Vocabulary

benefit: 도움이 되다 allow: 허용하다 stuck: 갇힌 ways: 방식 improve: 개선하다

타인을 돕는 것은 결국 나의 삶도 변화시킵니다.

도움과 나눔의 삶을 살아가자.

우리는 혼자서 모든 것을 이룰 수 없다. 삶의 여정 속에서 누구나 누군가의 도움이 필요하며, 또 다른 이들에게 도움을 줄 수 있는 기회가 찾아온다. 도움을 주고받는 과정은 사람과 사람을 잇는다. 단순히 도움을 주거나 받는 것만이 아니라, 그 과정을 통해 서로가 함께 성장하고, 세상이 조금 더 따뜻해질 수 있다고 믿는다.

도움과 나눔은 물질적인 것에만 국한되지 않는다. 시간, 관심, 감정적인 지지 등 다양한 방식으로 나눔을 실천할 수 있다. 때로는 작은 격려의 말 한마디가 큰 힘을 발휘하기도 한다. 나누는 행동이 커지면, 그로 인해 행복과 만족감도 커지며, 우리는 더 나은 사람으로 성장할 수 있다. 인생의 허무를 벗어나는 가장 손쉬운 방법은 사회적 인간으로서 나눔을 실천하는 것이다. 그 순간, 인간은 자기 존재의 의미를 가장 깊게 느낄 수 있으며, 누구나 언제가 겪게 되는 인생의 허무함을 극복할 수 있다.

"도움과 나눔의 삶을 살아가자."

◈ Live a life of help and sharing.

◈ Helping others brings fulfillment and joy.

◈ A life of generosity is one that benefits both others and yourself.

Vocabulary

live: 살다   life: 삶   help: 도움   sharing: 나눔   bring: 가져오다   fulfillment: 성취감, 만족   joy: 기쁨   generosity: 관대함   benefit: 이익

Dialogue

A: What do you think is the purpose of life?
B: I believe it's to help others and share what we have.
A: That's a beautiful thought. We should live our lives by helping those in need.

A: 인생의 목적이 무엇이라고 생각해?
B: 나는 다른 사람을 돕고 우리가 가진 것을 나누는 것이 인생의 목적이라고 믿어.
A: 멋진 생각이야. 우리는 어려운 사람들을 도우며 삶을 살아가야해.

Vocabulary

purpose: 목적   share: 나누다   thought: 생각

Q) 독서의 진정한 목적을 아시나요?

독서의 중요한 목적은
마음의 안정을 찾는 것이다.

독서는 단순히 지식을 쌓거나 정보를 얻는 것 이상으로, 마음의 평화를 찾는 데 큰 도움이 된다. 현대 사회는 빠르게 변화하고, 끊임없이 스트레스와 불안을 유발하는 환경 속에 있다. 이런 상황에서 책 한 권은 정신을 진정시키는 안식처가 될 수 있다. 독서는 마음을 차분하게 하고, 일상에서 잠시 벗어나 자신을 돌아보는 시간을 제공한다. 좋은 책은 마음의 휴식처처럼 작용하여, 감정을 안정시키고 사고를 정리하는 데 도움을 준다.

또한, 독서는 몰입을 통해 현재에 집중할 수 있는 기회를 준다. 이로 인해 마음의 산만함을 덜어주는 효과도 분명히 있다. 독서를 휴식의 개념으로 받아들이고, 꾸준히 함께 한다면 우리는 정신적인 힐링을 얻을 수 있다. 그로 인해 더 건강하고 균형 잡힌 삶을 살아갈 수 있게 된다.

"독서의 중요한 목적은 마음의 안정을 찾는 것이다."

◆ The main purpose of reading is to find mental peace.

◆ Reading is not just about knowledge; it's about calming the mind.

◆ Books offer a sanctuary for the restless mind.

(Vocabulary)

main: 주요한 purpose: 목적 knowledge: 지식 calming: 진정시키는
sanctuary: 피난처 restless: 불안정한

(Dialogue)

A: Why do you think people read books so much?
B: It's not always for learning. For many, it's about finding peace and quiet for the mind.
A: I agree. Sometimes, reading is the only thing that calms me down after a long day.

A: 사람들이 책을 왜 그렇게 많이 읽는다고 생각해?
B: 항상 배움 때문은 아니야. 많은 사람들이 마음의 평화를 찾기 위해 읽는 거지.
A: 동의해. 가끔은 책 읽는 것만큼 하루를 마무리하는 데 도움이 되는 게 없어.

(Vocabulary)

learning: 배움 calm: 진정시키다 long day: 긴 하루

> 지속 가능성은 취미 생활에서도 매우 중요합니다.

지속 가능한 취미를 가져야 한다.

취미는 삶에 활력을 주고, 일상에서 벗어나 나만의 시간을 가질 수 있게 해준다. 이러한 취미는 일시적인 활동을 넘어서 지속 가능한 것이 되어야 한다. 시간이 지나도 계속 즐길 수 있는 취미는 스트레스 해소는 물론, 내면의 성장과 만족감을 선사한다. 운동, 독서, 그림 그리기, 음악 감상 같은 취미들은 다소 진부하게 느껴질 수 있지만, 유행을 타지 않고 규칙적으로 꾸준히 이어갈 수 있는 장점이 있다.

지속 가능한 취미를 선택하는 것은 유행에 휘둘리지 않고, 나에게 가치를 더할 수 있는 활동을 찾는 과정이다. 새로운 취미를 시도하는 것도 좋지만, 무엇보다 내가 진정으로 즐기고 지속할 수 있는 것을 찾는 것이 중요하다. 취미는 그 사람의 삶의 일부분이자, 정체성을 설명하는 요소로 작용할 수 있다. 이런 점에서 지속 가능한 취미 생활은 보다 풍요롭고 균형 잡힌 삶을 위한 필수적인 요소라고 할 수 있다.

"지속 가능한 취미를 가져야 한다."

◈ Always have a hobby that is sustainable.

◈ A hobby that brings joy and can be maintained over time is the most rewarding.

◈ Sustainable hobbies allow you to grow while keeping a healthy balance in life.

Vocabulary

hobby: 취미 sustainable: 지속 가능한 maintaine: 유지하다
over time: 시간이 지나면서 rewarding: 보람 있는, 가치가 있는 grow: 성장하다
healthy: 건강한 balance: 균형

Dialogue

A: What do you think is the best kind of hobby to have?
B: **A hobby that you can sustain over time. One that brings you joy and doesn't burn you out.**
A: I agree. If we have such a hobby, it brings vitality to our lives.

A: 어떤 종류의 취미가 가장 좋다고 생각해?
B: 시간이 지나면서도 지속할 수 있는 취미가 좋아. 기쁨을 주고, 지치게 하지 않는 그런 취미 말이야.
A: 나도 동의해. 그런 취미를 가지면, 우리 삶에 활력을 불어넣어 줘.

Vocabulary

sustain: 지속하다 burn out: 지치게 하다 vitality: 활력

어떤 일이나 가장 중요한 것은 즐거움입니다.

세상 그 어떤 일에도 유머는 필수다.

유머는 단순한 웃음을 넘어서 사람들 간의 관계를 강화하고, 어려운 상황을 더 쉽게 넘길 수 있게 도와주는 중요한 도구이다. 일상에서 겪는 스트레스나 어려운 문제들을 유머로 풀어낼 수 있다면, 마음의 부담이 훨씬 덜어지고, 문제를 더 긍정적인 시각으로 바라볼 수 있다.

특히 직장이나 사회생활에서 유머는 분위기를 부드럽게 하고, 사람들 간의 긴장을 풀어주는 역할을 한다. 상호작용이 원활해지고, 서로에 대한 신뢰와 이해가 깊어지는 데 유머가 큰 역할을 한다. 또한 유머는 어려운 상황에서도 긍정적인 태도를 유지하게 해주어, 자신의 감정을 조절하고 스트레스를 해소하는 데 매우 효과적이다. 유머 감각을 잃지 않는 것은 정신적, 신체적 건강은 물론, 사람들과의 관계에서도 큰 도움이 된다는 사실을 꼭 기억하자.

"세상 그 어떤 일에도 유머는 필수다."

◈ Humor is essential in every aspect of life.

◈ A good sense of humor can make any situation more manageable.

◈ Life becomes more enjoyable when you approach it with humor.

Vocabulary

essential: 필수적인 aspect: 측면 sense: 감각
manageable: 관리할 수 있는 situation: 상황 approach: 접근하다
enjoyable: 즐거운

Dialogue

A: Do you think humor is important in life?
B: Absolutely! **Humor makes everything easier to deal with.**
A: I agree. It lightens the mood and helps us handle tough situations better.

A: 유머가 삶에서 중요한 요소라고 생각해?
B: 물론이지! 유머는 모든 것을 더 쉽게 처리할 수 있게 만들어.
A: 나도 동의해. 유머는 분위기를 가볍게 하고, 어려운 상황을 더 잘 처리할 수 있게 돕지.

Vocabulary

deal with: 처리하다 lighten: 가볍게 하다 mood: 기분
handle: 처리하다 tough: 힘든

명상은 나를 평온하게 만드는 마법입니다.

매일 짧은 명상 시간을 가지자.

명상은 마음을 안정시키고, 정신을 맑게 만드는 간단하지만, 효과적인 방법이다. 현대 사회에서 우리는 늘 바쁘고, 여러 가지 생각에 휘둘리며 살아간다. 이런 가운데 매일 짧은 명상 시간을 가지면 마음의 휴식을 취할 수 있고, 집중력과 차분함을 되찾을 수 있다.

명상의 가장 큰 장점은 생각을 정리하고, 현재의 순간에 집중하게 만든다는 것이다. 하루 중 몇 분, 그게 힘들다면 단 몇십초라도 명상하는 데 투자해도 마음속의 잡념을 비우고, 온전히 자신에게 집중할 수 있다. 꾸준히 실천하면 마음이 한결 편안해지고, 스트레스 관리에도 큰 도움이 된다.

"매일 짧은 명상 시간을 가지자."

◆ Take a few minutes for meditation every day.

◆ Daily meditation can bring peace to your mind.

◆ A short meditation session can help you stay centered and calm.

Vocabulary

take: 가지다   minute: 분   meditation: 명상   daily: 매일의   peace: 평화
mind: 마음   session: (특정 활동을 위한)기간, 시간   centered: 중심을 잡은
calm: 차분한

Dialogue

A: Have you ever tried meditation?
B: Yes, I take a few minutes for it every day. It helps me relax.
A: I should try it too. It sounds like a great way to clear the mind.

A: 명상 해본 적 있어?
B: 응, 매일 몇 분씩 명상 시간을 갖고 있어. 마음을 편안하게 해줘.
A: 나도 해봐야겠다. 마음을 정리하는 좋은 방법 같아.

Vocabulary

try: 시도하다   relax: 휴식을 취하다   clear: 정리하다

> 외국어 구사 능력은 삶에서 매우 중요합니다.

외국어를 구사한다는 것은 두 번째 영혼을 가지는 것과 같다.

외국어를 배우고 구사하는 것은 단순히 언어를 익히는 것을 넘어서, 다른 문화와 사고방식을 이해하는 깊은 경험이 된다. 통역 혹은 번역에는 분명 한계가 있다는 점을 인식해야 한다. 하나의 언어를 깊이 배우면, 그 언어로 된 문학, 역사, 사회 문제를 넘어 사람들의 생각과 감정까지 온전히 경험할 수 있다.

마치 두 번째 영혼을 얻는 것처럼, 다른 언어를 익히는 것은 또 다른 시각에서 세상을 바라볼 수 있는 기회를 열어준다. 언어를 단순히 의사소통의 도구로만 보는 것은 매우 편협한 시각이다. 외국어 학습은 생각보다 훨씬 더 매력적이며, 사람의 사고방식과 세상에 대한 이해를 확장하는 중요한 경험이다.

"외국어를 구사한다는 것은 두 번째 영혼을 가지는 것과 같다."

◆ Speaking a foreign language is like having a second soul.

◆ Mastering a second language opens doors to new perspectives.

◆ Language is the key to understanding different cultures and ways of life.

Vocabulary

foreign: 외국의 language: 언어 second: 두 번째 soul: 영혼
master: 마스터하다, 숙달(통달)하다 open: 열다 door: 문 perspective: 관점
key: 열쇠 understanding: 이해 culture: 문화 ways of life: 생활 방식

Dialogue

A: How does learning a foreign language change a person?
B: It's like having a second soul; you see the world in a whole new way.
A: That's fascinating! I guess you can understand different cultures better too.

A: 외국어를 배우면 사람이 어떻게 달라지니?
B: 두 번째 영혼을 가지는 것과 같아. 세상을 전혀 다른 시각으로 볼 수 있어.
A: 정말 흥미롭군! 그러니까 다른 문화를 더 잘 이해할 수 있다는 거구나.

Vocabulary

learn: 배우다 change: 변화 see: 보다 fascinating: 매혹적인
understand: 이해하다

> 발음은 의사소통이 원활한 정도까지만 되면 됩니다.

영어 발음이 어색하더라도 기죽지 말자.
최소한 두 개 언어를 할 수 있다는 증거이다.

영어를 배우는 과정에서 발음이나 억양이 완벽하지 않다고 해서 자신감을 잃는 경우가 많다. 그러나 중요한 것은 발음의 정확성보다는 의사소통을 위한 열정과 의지이다. 발음이 부족하다는 것은 두 개 이상의 언어를 구사하고 있다는 것을 의미한다. 오히려 스스로가 자신감을 가져야 할 이유가 된다.

발음 때문에 전혀 의사소통이 불가능한 상황이 아니라면, 그 자체로 충분히 가치 있는 일이다. 언어는 결국 사람들과의 연결과 소통을 위한 도구이며, 그 과정에서 서로의 실수와 부족함을 감수하는 것은 자연스러운 일이다.

"영어 발음이 어색하더라도 기죽지 말자.
최소한 두 개 언어를 할 수 있다는 증거이다."

◆ Don't be discouraged if your pronunciation is awkward. It's proof that you can speak at least two languages.

◆ The fact that you speak more than one language is an achievement.

◆ Even if your accent isn't perfect, remember that you're multilingual, which is something to be proud of.

Vocabulary

discouraged: 낙담한 pronunciation: 발음 awkward: 어색한 proof: 증거
at least: 최소한 achievement: 성취 accent: 악센트 multilingual: 다국어를 하는

Dialogue

A: I feel so embarrassed when I speak English, my pronunciation isn't great.
B: Don't worry about it. **The fact that you can speak two languages is amazing!**
A: I guess you're right. I should be proud of speaking multiple languages.

A: 영어를 할 때 발음이 안 좋아서 너무 부끄러워.
B: 걱정하지 마. 두 개 언어를 할 수 있다는 사실만으로도 대단해!
A: 맞는 말이야. 여러 언어를 할 수 있다는 것에 자부심을 가져야겠어.

Vocabulary

embarrassed: 부끄러운 worry: 걱정하다 amazing: 놀라운 proud: 자랑스러운
multiple: 여러 개의

험담은 바보 같은 짓입니다.

절대 험담하지 말자.

험담을 통해 잠시나마 자신을 높이거나 타인을 깎아내리는 듯한 기분을 느끼는 부류의 사람들이 있다. 타인의 험담을 일삼는 사람은 결국 신뢰할 수 없는 존재가 된다. 어떤 사람이 없는 곳에서 그 사람에 대해 부정적인 말을 늘어놓는 사람은 그만큼 자신의 말에 진정성을 떨어뜨린다. 이런 사람은 언제든 나에 대해서도 뒷담화를 할 수 있기 때문에, 그들의 말을 쉽게 믿을 수 없다. 결국, 그들의 험담은 자신을 신뢰할 수 없게 만드는 부메랑이 된다.

험담은 어떤 상황에서라도 진정성과 신뢰를 잃게 되며, 결국은 인간관계에서 자신을 고립시키게 됨을 꼭 기억하자.

"절대 험담하지 말자."

◆ Never speak ill of others.

◆ Gossiping can damage both trust and relationships.

◆ Avoiding harmful words reflects maturity and integrity.

Vocabulary

speak ill of: ~을 험담하다 gossip: 험담, 소문 damage: 손상시키다
trust: 신뢰 relationship: 관계 avoid: 피하다 harmful: 해로운
words: 말 reflect: 반영하다 maturity: 성숙 integrity: 정직, 진실성

Dialogue

A: Did you hear what they said about him?
B: I don't want to engage in gossip. It only creates negativity.
A: You're right. Talking behind someone's back never ends well.

A: 걔에 대해 뭐라고 하는 거 들었어?
B: 험담에는 관여하고 싶지 않아. 그건 부정적인 것만 만들어내.
A: 맞아. 누군가 뒤에서 얘기하는 건 절대 좋은 결과를 낳지 않아.

Vocabulary

hear: 듣다 engage in: ~에 관여하다
negativity: 부정적인 것 talk behind someone's back: ~의 뒤에서 얘기하다
end well: 좋은 결과를 낳다

Q) 미소도 연습이 필요함을 아시나요?

미소 짓는 연습을 하자.

미소는 단순히 얼굴 근육의 움직임을 넘어서 강력한 심리적, 사회적 효과를 가진다. 연구에 따르면, 미소를 지을 때 뇌는 자연스럽게 긍정적인 감정을 만들어내며, 이는 스트레스를 줄이고 기분을 개선하는 데 도움을 준다고 한다.

미소의 가장 큰 장점은, 별다른 말이나 행동 없이도 그 자체로 다른 사람에게 따뜻한 인상을 주고, 소통을 원활하게 만든다는 것이다. 미소는 비언어적 소통의 중요한 수단으로, 대화의 분위기를 부드럽게 하고 사람들 간의 관계를 더 친근하게 만든다. 하지만, 긍정적인 미소도 자연스럽게 나오기까지는 연습이 필요하다. 가끔 거울을 보며 나의 미소를 점검하고, 자연스럽게 웃는 법을 익혀보자. 처음엔 어색할지 몰라도, 점차 익숙해지면서 어느새 밝고 자연스러운 미소를 짓고 있는 자신을 발견할 것이다.

"미소 짓는 연습을 하자."

◆ Practice smiling every day.

◆ A simple smile can brighten someone's day.

◆ Smiling is a habit that spreads positivity.

Vocabulary

practice: 연습하다 smiling: 미소 짓기 every day: 매일 simple: 간단한
brighten: 밝게 하다 habit: 습관 spread: 퍼뜨리다
positivity: 긍정

Dialogue

A: You seem so cheerful lately. What's your secret?
B: I started practicing smiling more often. It makes a big difference.
A: That's interesting. Maybe I should try it too.

A: 너 요즘 굉장히 밝아 보인다. 비결이 뭐야?
B: 더 자주 미소 짓는 연습을 시작했어. 큰 변화가 있더라고.
A: 흥미롭군. 나도 한번 해봐야겠어.

Vocabulary

cheerful: 밝은, 명랑한 secret: 비결 more often: 더 자주
make a difference: 변화를 가져오다 interesting: 흥미로운 try: 시도하다

공부는 나 자신을 위한 최고의 선택입니다.

인생 최고의 투자는 공부다.

공부는 우리가 가장 값지게 투자할 수 있는 자산이다. 단기적인 이득을 바라지 않고, 오랜 시간 동안 꾸준히 쌓아온 지식은 결국 우리에게 큰 가치를 가져다준다. 교육과 학습에 대한 투자는 우리를 더 나은 사람으로 만들고, 더 나은 기회를 열어준다.

특히 공부를 통해 얻은 지식과 통찰력은 어려움이나 실패를 맞닥뜨렸을 때 가장 든든한 자산이 된다. 새로운 지식과 경험은 더 나은 선택을 내릴 수 있는 힘이 되어주며, 빠르게 변화하는 세상 속에서도 흔들림 없이 나아가도록 돕는다. 공부는 인생에서 가장 가치 있는 투자이자 성장의 기회이며, 내 삶을 바꾸는 가장 강력한 원동력이다.

"인생 최고의 투자는 공부다."

◆ The best investment in life is education.

◆ Investing in learning is the wisest choice you can make.

◆ Education is the most valuable investment you can make in your life.

Vocabulary

investment: 투자 education: 교육 learning: 학습 wisest: 가장 현명한
valuable: 가치 있는

Dialogue

A: I'm thinking about going back to school, but I'm not sure it's worth it.
B: **Trust me, investing in education is always worth it.** It's the best investment you can make.
A: You're right. I should focus more on learning and improving myself.

A: 학교에 다시 다녀야 할지 고민 중인데, 그만한 가치가 있을지 모르겠어.
B: 믿어봐, 교육에 투자하는 건 항상 가치 있어. 그건 네가 할 수 있는 인생 최고의 투자야.
A: 맞아, 내가 배우고 발전하는 데 더 집중해야겠어.

Vocabulary

worth: 가치가 있는 focus on: 집중하다
improve: 향상시키다

> 마음 속에 간직한 시 한 편은 나의 삶을 풍요롭게 해 줍니다.

좋아하는 시 한 편은 꼭 외워두자.

시는 감정을 담아내는 아름다운 예술이다. 간결한 언어 속에 담긴 깊은 의미는 우리의 마음을 울리고, 삶을 더욱 풍요롭게 만든다. 좋아하는 시를 암기하며 그 뜻을 되새겨 보자. 이는 힘든 순간이나 복잡한 상황에서 용기와 지혜를 주는 힘이 될 것이다.

또한 시는 창의적인 사고를 자극한다. 시 속의 비유와 상징은 세상을 새로운 시각으로 바라보게 하고, 감성을 더욱 깊이 있게 가꿔준다. 시를 암송할 때 마음이 차분해지고, 반복 속에서 내면의 평화와 위로를 찾을 수도 있다. 좋아하는 시를 암기하는 것은 단순한 행위가 아니라, 삶을 더욱 의미 있고 깊이 있게 만드는 소중한 경험이 될 수 있음을 기억하자.

"좋아하는 시 한 편은 꼭 외워두자."

◆ Memorize at least one poem you love.

◆ A poem you cherish can always brighten your day.

◆ There's power in remembering the words of a poem that speaks to your soul.

Vocabulary
memorize: 외우다　poem: 시　cherish: 소중히 여기다
brighten: 밝게 하다　soul: 영혼

Dialogue

A: Do you have a favorite poem?
B: Yes, there's one I've memorized. **It always gives me strength when I'm feeling down.**
A: That's beautiful. I think I'll start memorizing a poem too.

A: 좋아하는 시가 있어?
B: 응, 내가 외운 시가 하나 있어. 기분이 우울할 때마다 나에게 힘을 줘.
A: 멋지다. 나도 시 외우는 걸 시작해 봐야겠어.

Vocabulary
favorite: 좋아하는　strength: 힘　feel down: 우울하다

Part 5

스트레스를 극복하는 법

스트레스를 극복하기 위한 기본적인 마음가짐과

실질적인 스트레스 관리 노하우 열다섯 가지를 배워보세요.

Part 5

How to Overcome Stress

- 15 Stories -

주변의 물건 정리는 스트레스 관리에도 매우 중요합니다.

추억의 물건을 찾아서 보자.

스트레스를 받을 때, 과거의 추억이 담긴 물건이나 사진은 큰 위로가 될 수 있다. 어려운 순간에 어린 시절의 장난감이나 가족사진을 보면, 그때의 따뜻한 감정이 떠오른다. 행복한 기억을 되새기면 마음이 편안해지고, 잠시나마 불안을 잊을 수 있다. 이러한 물건들은 과거의 안정감을 불러일으킨다. 따라서 스트레스를 느낄 때, 과거의 추억을 떠올리게 해주는 물건이나 사진을 찾는 것이 큰 도움이 된다.

하지만 반대의 경우도 고려해야 한다. 예전의 나쁜 기억이 담긴 물건이나 사진을 마주치면 불안감이나 우울감을 더할 수 있다. 이는 우리가 주변에 어떤 물건이나 사진을 두어야 할지 신중하게 생각해야 한다는 점을 상기시킨다. 부정적인 기억을 떠올리게 하는 물건들은 가급적 피하는 것이 좋다.

"추억의 물건을 찾아서 보자."

◆ Finding objects from the past can help calm your mind during stressful moments.

◆ Touching or looking at old pictures can evoke positive memories that bring comfort.

◆ Certain objects or photos have the power to remind you of happy times.

Vocabulary

find: 찾다 object: 물건 calm: 진정시키다 stressful: 스트레스가 많은
touch: 만지다 evoke: 불러일으키다 positive: 긍정적인 memory: 기억
comfort: 편안함, 위로

Dialogue

A: I've been feeling really stressed lately. Any suggestions to help?
B: You could try finding objects or photos from your past.
A: That sounds like a good idea. I think looking at old pictures might bring back happy memories.

A: 요즘 스트레스를 많이 받아. 도움이 될 만한 방법 있을까?
B: 과거의 물건이나 사진을 찾아보는 게 좋을 수도 있어.
A: 좋은 아이디어네. 오래된 사진을 보면 행복한 기억들이 떠오를 것 같아.

Vocabulary

suggestion: 제안 bring back: ~을 기억나게 하다

미래의 걱정거리를 너무 앞당겨 생각하지 마세요.

미래의 불안을 미리 겪지 말자.

우리는 종종 미래에 일어날 일들에 대해 걱정하거나 불안해한다. 하지만 실제로 그런 일들이 일어나지 않거나, 예상보다 훨씬 덜 심각할 때가 많다. 미래에 대한 불안은 우리의 에너지를 빼앗고, 현재에 집중하지 못하게 만든다. 아직 일어나지도 않은 일을 미리 걱정하며 불안을 경험하는 것은 현재의 우리에게 아무런 이득이 되지 않는다.

미래의 불안을 미리 겪는 대신, 지금 할 수 있는 일에 집중하고, 필요한 준비를 차근차근 해나가자. 현재에 충실한 삶은 불확실한 미래에 대한 불안을 줄여줄 뿐 아니라, 우리의 마음을 더 단단하게 만들어 준다. 걱정보다는 행동에, 미래의 불안보다는 현재의 순간에 집중하는 것이 더 나은 삶을 살아가는 길이다.

"미래의 불안을 미리 겪지 말자."

◆ Don't experience the anxiety of the future before it arrives.

◆ Worrying about the future only wastes the present moment.

◆ The future is uncertain; there's no need to stress about it now.

Vocabulary

experience: 경험하다 anxiety: 불안 future: 미래 arrive: 도착하다
worry: 걱정하다 waste: 낭비하다 present: 현재 moment: 순간
uncertain: 불확실한 stress: 스트레스를 받다

Dialogue

A: I'm really stressed about what's going to happen next year.
B: Don't worry about it. **You shouldn't experience the anxiety of the future before it even arrives.**
A: You're right. I need to focus on the present moment.

A: 나는 내년에 무슨 일이 일어날지 너무 걱정돼.
B: 걱정하지 마. 미래의 불안을 오기 전에 미리 겪지 말아야 해.
A: 맞아. 나는 지금 이 순간에 집중해야 해.

Vocabulary

stressed: 스트레스를 받는 focus: 집중하다

Q) 수면이 정신 건강에도 매우 중요하단 사실을 아시나요?

수면의 질과 양에
신경 쓰는 삶을 살아야 한다.

수면은 단순히 피로를 푸는 시간이 아니라, 우리의 신체와 정신이 회복하고 재충전하는 데 필수적인 시간이다. 충분한 수면은 면역력을 강화하고, 집중력을 높이며, 감정을 안정적으로 조절하는 등 전반적인 건강에 중요한 영향을 미친다. 그러나 많은 사람들이 바쁜 일상에 쫓겨 수면을 우선순위에서 밀어내고, 이를 가볍게 여기는 경우가 많다.

수면 부족이나 질 낮은 수면은 우리의 일상에 부정적인 영향을 미친다. 집중력이 저하되고 감정 조절이 어려워질 뿐 아니라, 면역력이 약화되어 각종 질병에 노출될 위험이 커진다. 따라서 수면은 단순한 휴식이 아닌, 몸과 마음을 건강하게 유지하는 필수적인 요소임을 인식하고, 충분한 수면을 취하는 것이 중요하다.

"수면의 질과 양에 신경 쓰는 삶을 살아야 한다.."

◆ You should live a life that focuses on both the quality and quantity of sleep.

◆ Sleep is not just about the hours you spend in bed, but the quality of rest you get.

◆ Prioritizing good sleep can significantly improve your physical and mental well-being.

Vocabulary

focus on: 집중하다 quality: 질 quantity: 양 sleep: 수면 spend: 보내다 rest: 휴식
prioritize: 우선시하다 improve: 향상시키다 physical: 신체적인 mental: 정신적인
well-being: 웰빙(건강과 행복)

Dialogue

A: I've been feeling tired lately, I don't think I'm getting enough sleep.
B: **You should focus on both the quality and quantity of sleep. Sleep is so important for our daily activities.**
A: You're right. I'll make sure to improve my sleep habits starting tonight.

A: 최근에 피곤한 느낌이 들어. 수면이 충분하지 않은 것 같아.
B: 수면의 질과 양에 모두 신경 써야 해. 수면은 우리의 하루 활동에 너무 중요해.
A: 맞아. 오늘 밤부터 내 수면 습관을 개선할 거야.

Vocabulary

tired: 피곤한 affect: 영향을 미치다 energy level: 에너지 수준(활동하는 힘)
habit: 습관

> 번아웃은 누구에게나 올 수 있습니다.

번아웃에 대비해 준비해야 한다.

번아웃은 심리적, 정서적 탈진 상태로, 과도한 스트레스와 압박이 누적되어 결국 일상적인 활동마저 어려워지는 상태를 의미한다. 많은 사람들이 자신은 번아웃과 거리가 멀다고 생각하지만, 열심히 살다 보면 누구에게나 찾아올 수 있는 흔한 일이다. 이를 예방하기 위해서는 미리 준비하고 관리하는 것이 필수적이다.

가장 먼저 해야 할 일은 자신이 지치고 있다는 신호를 빠르게 인식하는 것이다. 만성적인 피로감, 의욕 저하, 혹은 사소한 일에도 쉽게 짜증이 난다면 이는 번아웃의 초기 경고일 수 있다. 이러한 신호를 무시하지 않고 스스로 자신의 상태를 인정하는 것이 중요하다. 자신이 지친 상태에서 계속해서 일을 밀어붙이면, 번아웃의 위험은 커지기 때문이다. 신체와 마음의 경고를 미리 알아차리고 적절한 휴식과 관리가 필요하다.

"번아웃에 대비해 준비해야 한다."

◆ We must prepare for the possibility of burnout.

◆ Preventing burnout requires awareness and self-care.

◆ Taking regular breaks and managing stress is key to avoiding burnout.

Vocabulary

burnout: 번아웃 prepare: 준비하다 possibility: 가능성 prevent: 예방하다
require: 필요로 하다 awareness: 인식 self-care: 자기 관리 regular: 규칙적인
break: 휴식 manage: 관리하다 avoid: 피하다

Dialogue

A: How do you deal with burnout at work?
B: I try to prepare for it by managing stress and setting boundaries.
A: That sounds like a good strategy. I need to start doing that.

A: 직장에서 번아웃을 어떻게 처리해?
B: 나는 스트레스를 관리하고 한계(업무의 한계)를 설정하는 것으로 대비하려고 해.
A: 좋은 전략 같아. 나도 그렇게 시작해야겠다.

Vocabulary

deal with: 다루다 work: 일 prepare: 준비하다 manage: 관리하다 boundary: 경계(한계)
strategy: 전략

> 산책은 우리의 인생에서 필수적인 활동입니다.

산책의 힘은 생각보다 크다.

일상 속에서 잠깐의 산책은 삶에 큰 변화를 가져올 수 있다. 바쁜 하루 중 짧은 시간이라도 걸어보면, 몸과 마음이 가벼워지고 회복되는 것을 느낄 수 있다. 자연 속에서 걸으면서 스트레스가 해소되고, 머릿속이 맑아지며 복잡한 생각들이 정리되는 경험을 하게 된다.

심리학적으로도 산책은 정신적 피로를 줄이고 긍정적인 감정을 불러일으키는 효과가 있는 것으로 알려져 있다. 단 몇 분의 걸음이라도 산책은 단순한 운동을 넘어, 일상에 활력을 불어넣고 삶의 질을 높이는 중요한 시간이 될 수 있다. 일상에서 산책을 습관으로 만들어보자. 이러한 내 삶에 긍정적인 영향을 미치는 작은 변화들이 쌓여 더 건강하고 여유로운 삶으로 이어질 것이다.

"산책의 힘은 생각보다 크다."

◆ The power of a walk is greater than we often realize.

◆ Taking a walk can clear your mind and improve your mood.

◆ Walking is a simple yet powerful way to refresh both your body and mind.

Vocabulary

power: 힘 walk: 산책 greater: 더 큰 realize: 깨닫다 clear: 맑게 하다 mind: 마음 improve: 개선하다 mood: 기분 simple: 간단한 refresh: 상쾌하게 하다

Dialogue

A: I've been feeling a bit stressed lately.
B: Have you tried going for a walk?
A: I haven't, but I've heard it can really help.
B: It definitely can. **A walk can clear your mind and help you feel better.**

A: 요즘 조금 스트레스를 받는 것 같아.
B: 산책을 해봤어?
A: 해보지 않았어, 그런데 산책이 정말 도움이 된다고 들었어.
B: 확실히 도움이 돼. 산책은 마음을 맑게 하고 기분이 좋아지게 할 수 있어.

Vocabulary

stressed: 스트레스를 받는 try: 시도하다 definitely: 확실히 clear: 맑게 하다 feel better: 기분이 좋아지다

글로 정리해 두어야 명확해집니다.

생각에 그치지 말고, 반드시 글로 정리하는 습관을 가지자.

많은 아이디어와 생각들이 머릿속에서 떠오르지만, 실제로 실행에 옮겨지지 않는 경우가 많다. 그것을 최대한 방지하려면 반드시 글로 써 두어야 한다. 생각은 일시적이고 시간이 지나면 희미해질 수 있지만, 글로 정리하면 명확하게 기록되어 오래 남는다. 글을 쓰는 습관은 자신의 생각을 체계적으로 정리하고, 복잡한 아이디어를 간결하고 논리적으로 풀어낼 수 있는 능력을 키워준다. 또한, 글로 남긴 내용은 다시 돌아보고 수정할 기회를 제공하므로, 더 깊이 있는 사고를 가능하게 한다.

좋은 아이디어가 떠오를 때, 지체하지 말고 바로 기록하는 습관을 들여보자. 작은 메모부터 구체적인 계획까지, 무엇이든 글로 옮기는 과정에서 생각은 더욱 명확해지고 실행 가능성이 높아진다. 아이디어를 글로 기록하는 것은 단순히 기억을 위한 수단을 넘어, 그것을 발전시키고 현실로 이끄는 첫걸음이 된다.

**"생각에 그치지 말고,
반드시 글로 정리하는 습관을 가지자."**

◆ Develop the habit of not just thinking, but also writing things down.

◆ Writing helps to clarify thoughts and organize ideas.

◆ Turning thoughts into words on paper brings clarity and focus.

Vocabulary

develop: 개발하다 clarify: 명확하게 하다 thought: 생각들 organize: 정리하다
idea: 아이디어들 turn: 변환하다 word: 단어 paper: 종이 clarity: 명확성
focus: 집중

Dialogue

A: How do you organize your thoughts?
B: I make it a habit to write them down. It helps me clarify things.
A: That's a good idea. I should start doing that too.

A: 네 생각을 어떻게 정리해?
B: 나는 그것들을 글로 쓰는 습관을 가져. 그게 생각을 명확히 하는 데 도움이 돼.
A: 좋은 생각이다. 나도 그렇게 해야겠어.

Vocabulary

organize: 정리하다 habit: 습관 clarify: 명확히 하다 idea: 아이디어
start: 시작하다

낯섦은 의외의 효과가 있습니다.

낯선 길을 걸어보자.

스트레스를 해소하는 간단하면서도 효과적인 방법 중 하나는 낯선 길을 걷는 것이다. 우리는 매일 익숙한 길을 따라가지만, 때로는 그 경로에서 벗어나 새로운 환경을 경험하는 것이 삶에 신선한 변화를 가져올 수 있다. 집 근처라도 아직 가보지 않은 길을 걷거나, 출퇴근길과 등굣길을 조금만 달리해도 새로운 풍경이 눈에 들어온다. 이는 호기심을 자극하고, 마치 짧은 여행을 떠난 듯한 설렘을 선사한다. 낯선 환경이 주는 신선함은 우리의 감각을 깨우고, 일상의 지루함을 덜어주는 작은 마법과도 같다.

익숙하지 않은 길을 걸으면 자연스럽게 현재에 집중하게 되고, 그 순간만큼은 근심과 걱정을 잊을 수 있다. 이 몰입의 경험이야말로 스트레스를 날리는 강력한 치유제가 된다.

"낯선 길을 걸어보자."

◆ Walking on unfamiliar paths can be a great way to relieve stress.

◆ Taking a walk on a new street near your home can help break away from the routine.

◆ Stepping into unfamiliar environments allows your mind to reset and relax.

Vocabulary

unfamiliar: 낯선 path: 길 relieve: 해소하다, 완화하다 break away: 벗어나다
routine: 일상 step into: ~에 들어가다 environment: 환경
reset: 재설정하다(새롭게 하다) relax: 휴식을 취하다

Dialogue

A: I've been feeling stressed lately, do you have any advice?
B: **You could try walking down a street you've never been on before,** even around your neighborhood.
A: That sounds interesting. A change of scenery might be just what I need.

A: 요즘 스트레스를 많이 받아, 조언 좀 해줄 수 있어?
B: 집 근처에서 가보지 않은 길을 걸어보는 건 어때?
A: 그거 괜찮은 생각이네. 풍경의 변화가 내가 딱 필요한 것일지도 몰라.

Vocabulary

advice: 조언 street: 길 neighborhood: 이웃 scenery: 풍경, 배경

운동은 스트레스 관리를 위한 최고의 선택입니다.

운동은 정신 건강을 위해서 반드시 필요하다.

운동은 단순히 신체를 건강하게 만드는 활동에 그치지 않는다. 신체적 건강을 넘어 정신적인 웰빙을 유지하는 데에도 중요한 역할을 한다. 규칙적인 운동은 스트레스를 해소하고, 불안을 줄이며, 우울증을 예방하는 데 효과적이다. 운동을 할 때 신체는 엔돌핀과 같은 행복 호르몬을 분비하여 기분을 좋게 하고, 정신적으로도 활력을 불어넣는다.

또한 운동은 자기 존중감을 높여주고, 자아 성취감을 증대시킨다. 꾸준히 운동을 하며 체력이 좋아지고, 몸의 변화가 눈에 띄면 자연스럽게 자신에 대한 믿음도 강해진다. 운동을 통해 목표를 설정하고 이를 달성하는 과정에서 자신감을 쌓을 수 있다. 이처럼 몸과 마음이 모두 건강해지는 과정을 운동을 통해 경험할 수 있다. 반드시 운동을 해야 한다.

"운동은 정신 건강을 위해서 반드시 필요하다."

◈ Exercise is essential for mental health.

◈ Physical activity boosts your mood and reduces stress.

◈ A strong body leads to a strong mind.

Vocabulary

exercise: 운동 essential: 필수적인 mental health: 정신 건강
physical activity: 신체 활동 boost: 증가시키다 mood: 기분 reduce: 줄이다
strong: 강한 body: 몸 mind: 정신

Dialogue

A: I've been feeling stressed lately.
B: **Have you tried exercising? It really helps with mental health.**
A: I've heard that, but I'm not sure where to start.
B: Even a short walk or a quick workout can make a big difference.

A: 요즘 스트레스를 많이 받았어.
B: 운동을 해봤어? 정신 건강에 정말 도움이 돼.
A: 그런 얘기는 들었는데, 어디서부터 시작해야 할지 잘 모르겠어.
B: 짧은 산책이나 간단한 운동이라도 큰 도움이 될 거야.

Vocabulary

stressed: 스트레스를 받는 difference: 차이

심호흡만으로도 스트레스가 많이 줄어듭니다.

인간의 신체 중 유일하게
통제 가능한 신체 장기는 '폐'다.
스트레스가 오면 심호흡하자.

우리 몸의 대부분은 자율적으로 작동하지만, 폐는 우리가 의식적으로 통제할 수 있는 유일한 장기다. 심호흡을 통해 폐를 조절하는 것은 스트레스를 관리하는 데 매우 중요한 방법이다. 스트레스가 쌓이면 몸은 자연스럽게 긴장하고, 호흡이 얕아지며 불안감을 느끼게 된다. 이때 깊은 심호흡을 하면 몸의 긴장이 풀리고, 뇌에 산소가 충분히 공급되면서 마음도 차분해진다.

하지만 심호흡은 단지 필요한 순간에만 하는 것이 아니라, 일상적인 연습이 필요하다. 스트레스를 받을 때 심호흡을 하려 해도, 평소에 연습하지 않으면 자연스럽게 되지 않는다. 따라서 평상시에도 깊은숨을 들이쉬고 내쉬는 연습을 통해 긴장을 풀고 긍정적인 마음 상태를 유지하는 것이 중요하다. 꾸준한 심호흡 연습을 통해 불안하거나 스트레스를 받는 순간 더 쉽게 마음을 가라앉히고, 더 나은 결정을 내릴 수 있을 것이다. 지금, 깊게 숨 쉬어 보자. 작은 호흡 하나가 삶의 큰 변화를 만든다.

"인간의 신체 중 유일하게
통제 가능한 신체 장기는 '폐'다.
스트레스가 오면 심호흡하자."

◆ The only organ in the human body that can be controlled is the diaphragm.

◆ When stress hits, take a deep breath.

◆ Breathing deeply can help you regain control over your emotions.

Vocabulary

organ: 장기 human body: 인체 controlled: 조절된 diaphragm: 횡격막
deep breath: 심호흡 regain: 되찾다 control: 통제하다 emotion: 감정

Dialogue

A: What do you do when you're feeling stressed?
B: I take a deep breath. It helps me regain control.
A: That sounds simple but effective. I'll try it next time.

A: 스트레스를 받을 때 뭐 해?
B: 심호흡을 해. 그게 나를 다시 컨트롤할 수 있게 도와줘.
A: 간단하지만 효과적이네. 다음에 한번 해봐야겠어.

Vocabulary

stressed: 스트레스를 받은 simple: 간단한 effective: 효과적인

> 몸을 움직이면 마음이 한결 낫습니다.

정신적인 괴로움이 밀려오면 가만히 있지 말고 몸을 움직여라.

몸을 움직이면 마음도 가벼워진다. 정신적인 고통이 밀려올 때, 가만히 고민만 하는 것은 오히려 더 큰 스트레스를 불러일으킬 수 있다. 이럴 때 가장 효과적인 방법은 몸을 움직이는 것이다. 가벼운 운동이나 간단한 활동만으로도 뇌에서 엔도르핀과 세로토닌이 분비되어 기분이 개선되고, 스트레스가 줄어든다.

운동은 신체적인 변화뿐만 아니라 정신적으로도 긍정적인 영향을 미친다. 몸이 움직이면 뇌가 자극받고, 감정 상태가 나아진다. 꾸준한 신체활동은 불안을 해소하고, 마음의 균형을 되찾는 데 도움을 준다. 정신적인 고통이 찾아올 때, 가만히 있지 말고 몸을 움직여 보자. 작은 움직임이 정신적인 면에 큰 변화를 만들 수 있다.

**"정신적인 괴로움이 밀려오면
가만히 있지 말고 몸을 움직여라."**

◆ When mental distress overwhelms you, don't stay still – move your body.

◆ Physical movement can help release emotional tension and improve your mood.

◆ Even a short walk can make a significant difference in calming your mind.

(Vocabulary)

mental: 정신적인 distress: 괴로움 overwhelm: 압도하다 stay still: 가만히 있다
physical: 신체적인 movement: 움직임 release: 풀다, 해방하다 emotional: 감정적인
tension: 긴장 improve: 향상시키다 mood: 기분 significant: 중요한 difference: 차이
calm: 진정시키다

(Dialogue)

A: I've been feeling mentally overwhelmed lately.
B: **Have you tried moving your body when that happens? It can really help.**
A: I haven't, but I'll give it a try. Maybe a walk outside will help.

A: 최근에 정신적으로 많이 괴로웠어.
B: 그럴 때는 몸을 움직여 봤어? 정말 도움이 될 수 있어.
A: 안 해봤는데, 한 번 해볼게. 밖에 나가서 걷는 게 도움이 될 거야.

(Vocabulary)

mentally: 정신적으로 overwhelmed: 압도된 try: 시도하다 really: 정말
help: 돕다 give it a try: 시도해 보다 outside: 밖

> 악기는 마음의 안정을 가져다주고, 나를 더욱 돋보이게 만듭니다.

취미로 악기 연주를 꼭 배워보자.

악기 연주는 단순한 취미를 넘어 정신적, 정서적으로 많은 이점을 제공하는 활동이다. 악기를 배우고 연주하는 과정에서 우리는 집중력과 인내심을 기를 수 있으며, 창의적인 사고를 발전시키는 데도 큰 도움을 받는다. 손과 두뇌가 협력하여 음악을 만들어내는 과정은 자연스럽게 마음의 평온과 안정감을 선사한다.

특히 음악은 감정을 표현하고 치유하는 강력한 도구가 될 수 있다. 기쁨, 슬픔, 분노 등 다양한 감정을 음악을 통해 풀어내며, 때로는 연주하는 동안 스스로도 몰랐던 감정이 정리되는 경험을 하게 된다. 악기 연주는 심리적 안정감을 제공하고 스트레스를 줄이며, 정신적 치유에도 긍정적인 영향을 미친다. 시간이 허락된다면, 악기를 배우고 연주하는 기쁨을 경험해보자.

"취미로 악기 연주를 꼭 배워보자."

◆ Learning to play a musical instrument is a great hobby to pursue.

◆ Playing an instrument can be a therapeutic way to express emotions.

◆ It enhances cognitive skills and helps reduce stress.

Vocabulary

learn: 배우다 play: 연주하다 musical: 음악의 instrument: 악기 pursue: 추구하다
therapeutic: 치료적인 express: 표현하다 emotion: 감정 enhance: 향상시키다
cognitive: 인지의 skill: 기술 reduce: 줄이다

Dialogue

A: Why do you think playing an instrument is so beneficial?
B: It helps you express emotions and relieves stress. Plus, it boosts cognitive skills.
A: That sounds amazing! I should give it a try.

A: 왜 악기 연주가 그렇게 유익하다고 생각해?
B: 감정을 표현하는 데 도움이 되고 스트레스를 줄여줘. 게다가 인지 능력도 향상시켜.
A: 정말 멋지네! 나도 해봐야겠다.

Vocabulary

beneficial: 유익한   relieve: 완화하다 boost: 향상시키다 cognitive: 인지의
amazing: 멋진   give it a try: 시도해보다

자기 자신을 믿고 나아가는 것이 중요합니다.

타인의 평가에 지나치게 휘둘리지 말자.

우리는 살아가면서 다양한 사람들의 평가와 시선을 마주하게 된다. 이러한 평가들은 때로 우리가 선택하는 길에 영향을 미치기도 하지만, 타인의 평가에 지나치게 휘둘리는 것은 자신감을 잃고 자아를 흐리게 할 수 있다. 모든 사람은 각자의 가치관과 관점을 가지고 있다. 그들의 평가가 항상 옳거나 우리가 원하는 방향과 일치하지 않을 수 있음을 잊지 말아야 한다.

진정으로 중요한 것은 타인의 평가에 의존하지 않고, 자기 자신을 믿으며 나아가는 것이다. 자신만의 기준을 세우고, 그것에 따라 스스로를 평가하며 방향을 설정하는 것이 훨씬 더 의미 있고 주체적인 삶을 만든다. 타인의 의견은 참고 정도로 받아들이되, 최종 결정은 자기 내면의 소리에 따라 이루어져야 한다. 자기 자신을 믿고 원하는 길을 걸어가는 것이야말로 진정으로 가치 있는 삶의 방식이다.

"타인의 평가에 지나치게 휘둘리지 말자."

◆ You should not be overly influenced by other people's opinions.

◆ Letting others' judgments control your actions can lead to unhappiness.

◆ Trust yourself and make decisions based on your own values.

Vocabulary

overly: 지나치게 influence: 영향을 끼치다 other people's opinions: 타인의 의견
let: 허락하다 judgment: 판단 control: 지배하다 action: 행동 unhappiness: 불행
trust: 믿다 decision: 결정 based on: ~에 근거하여 value: 가치

Dialogue

A: Do you often care about what others think?
B: Not really. I try to make decisions based on my values, not their opinions.
A: That's a good way to live. It must make things less stressful.

A: 너는 자주 다른 사람의 생각을 신경 써?
B: 그렇지 않아. 나는 그들의 의견보다는 내 가치에 따라 결정을 내리려고 해.
A: 그게 좋은 삶의 방식이지. 그렇게 살면 분명 스트레스가 덜할 것 같아.

Vocabulary

care: 신경 쓰다   stressful: 스트레스가 많은

인생에서 엉뚱한 일을 겪는 건 당연한 일임을 받아들여야 합니다.

세상을 살다 보면 엉뚱한 일을 겪는 것도 자연스러운 일이다.

인생은 예상치 못한 일들로 가득하다. 계획대로 일이 풀릴 때도 있지만, 전혀 예상하지 못한 상황에 마주하기도 한다. 이런 순간들은 당황스럽고 힘들게 느껴질 수 있지만, 인생이란 본래 우리가 통제할 수 없는 요소들이 많다는 것을 받아들이는 것이 중요하다. 아무리 철저히 준비하더라도 세상은 항상 우리의 바람대로 예측대로 흘러가지 않는다.

예기치 못한 일들은 부정적인 경험으로만 볼 필요는 없다. 오히려 그것은 성장의 기회가 될 수 있다. 예상 밖의 상황에 대처하며 우리는 문제해결 능력을 키우고, 스스로를 더 단단하게 만들어간다. 실수를 통해 배우고 성장하듯, 이런 경험들은 결국 우리를 더 강하고 지혜로운 사람으로 변화시킨다.

"세상을 살다 보면 엉뚱한 일을
겪는 것도 자연스러운 일이다."

◆ Sometimes in life, unexpected things happen, and we should accept them as part of the journey.

◆ Embracing the unexpected can lead to growth and new opportunities.

◆ Life is full of surprises, and learning to go with the flow is key to staying happy.

Vocabulary

unexpected: 예상치 못한 accept: 받아들이다 part: 일부 embrace: 포용하다
growth: 성장 opportunity: 기회 surprise: 놀라운 일 go with the flow: 흐름에 맞게 가다
key: 핵심 stay happy: 행복을 유지하다

Dialogue

A: What should we do when something unexpected happens?
B: **We should embrace it and see it as an opportunity to learn or grow.**
A: That's a good perspective.

A: 예상치 못한 일이 일어났을 때 우리는 무엇을 해야 할까?
B: 우리는 그것을 포용하고, 배울 기회나 성장의 기회로 삼아야 해.
A: 좋은 관점이네.

Vocabulary

handle: 처리하다 perspective: 관점

자연과 가까이 하려 노력해보세요.

자연 속에서 시간을 보내자.

자연 속에서 보내는 시간은 단순한 휴식 그 이상이다. 자연은 몸과 마음을 리셋해 주는 힘이 있다. 고요한 숲속을 걸으며 나무와 바람을 느끼거나, 바다의 파도와 함께 시간을 보내는 건 스트레스를 해소하고 일상의 번잡함에서 벗어나는 데 큰 도움이 된다. 자연과의 연결을 통해 우리는 자신을 재충전하고, 고요한 내면의 평화를 찾을 수 있다.

자연 속에서 보내는 시간이 정신 건강에 좋다는 사실은 누구나 알고 있다. 하지만 바쁜 일상 속에서 이를 실천하는 건 쉽지 않다. 출퇴근이나 등굣길에 조금 돌아가더라도 공원을 거치는 여유를 가져보자. 일상에서도 자연과 가까워질 기회는 충분히 있다. 늘 그런 기회를 놓치지 않으려는 마음이 중요하다. 자연은 생각보다 우리 가까이에 있다.

"자연 속에서 시간을 보내자."

◆ Spend time in nature to rejuvenate your mind and body.

◆ Being surrounded by nature has a calming and healing effect.

◆ Nature offers the perfect environment to reflect and recharge.

Vocabulary

spend: 보내다 time: 시간 nature: 자연 rejuvenate: 재충전하다 mind: 마음
body: 몸 surround: 둘러싸다 calming: 진정시키는 healing: 치유하는
effect: 효과 reflect: 반성하다 recharge: 재충전하다

Dialogue

A: Have you ever gone for a walk in the park to clear your mind?
B: Yes, **spending time in nature always helps me feel calm and refreshed.**
A: I agree. It's like a reset for the mind and body.

A: 마음을 비우기 위해 공원에서 산책한 적 있어?
B: 그럼, 자연 속에서 시간을 보내면 항상 진정되고 새로워지는 기분이 들어.
A: 맞아. 마음과 몸을 리셋하는 것 같아.

Vocabulary

clear: 비우다 go for a walk: 산책하다 calm: 침착한, 차분한
refreshed: (기분이) 새로워진, 상쾌한 reset: 리셋하다(다시 맞추다, 다시 제자리에 넣다)

> 평정심을 잃었을 때 글로 전달하는 것은 위험합니다.

화가 났을 때는
이메일이나 메시지를 절대 보내지 말자.

화가 났을 때 즉시 반응하는 것은 종종 큰 실수로 이어질 수 있다. 감정이 격해진 상태에서는 이성적인 판단이 흐려지고, 상대방에게 불필요한 상처를 줄 수 있다. 특히 이메일이나 메시지는 텍스트로 남아 영원히 기록되기 때문에 그 감정의 강도가 그대로 보존되며, 지속적으로 전달된다. 한 번 발송된 메시지는 되돌릴 수 없기 때문에 더 신중해야 한다.

우리는 감정을 잠시 가라앉히고 나서야 상황을 객관적으로 바라볼 수 있다. 화가 난 상태에서 보내는 메시지는 대개 후회를 부른다. 이런 후회를 예방하려면 일단 잠시 멈추고 감정을 정리한 후 신중하게 대응하는 것이 중요하다. 심호흡을 하거나 잠시 산책을 하는 것도 좋은 방법이다. 시간을 두고 나면 더 차분하고 현명한 판단을 내릴 수 있다.

"화가 났을 때는 이메일이나 메시지를 절대 보내지 말자."

◆ Never send an email or message when you are angry.

◆ It's important to pause and calm down before communicating in moments of anger.

◆ Impulsive messages can lead to regret, so it's better to wait and reflect first.

Vocabulary

send: 보내다   message: 메세지   angry: 화가 난   important: 중요한   pause: 잠시 멈추다   calm down: 진정하다   impulsive: 충동적인   regret: 후회(하다)   wait: 기다리다   reflect: 심사숙고하다

Dialogue

A: Have you ever sent an email in anger?
B: Yes, and I regret it. **Never send a message when you're upset.**
A: It's true. It's better to calm down first, then respond thoughtfully.

A: 화가 나서 이메일을 보낸 적이 있어?
B: 응, 그래서 후회돼. 화가 날 때는 메세지를 절대 보내지 말아야 해.
A: 맞아. 먼저 진정하고 나서 신중하게 응답하는 게 더 낫지.

Vocabulary

upset: 화가 난   thoughtfully: 신중하게

Part 6

영문 한글 번역

300개의 문장을 완벽히 이해하세요.

놀라운 영어 자신감이 생겨 있을 것입니다.

당신은 할 수 있습니다!

Part 6

영문 한글 번역

1)
1. Let's be grateful for what we already have.
2. Appreciate what you possess instead of focusing on what you lack.
3. Gratitude for the present makes life richer and more meaningful.

1. 우리가 이미 가진 것에 감사하자.
2. 부족한 것에 집중하기보다는 가진 것에 감사하자.
3. 현재에 대한 감사는 삶을 더 풍요롭고 의미 있게 만든다.

2)
1. The greatest crisis in life is when you lose faith in yourself.
2. Losing self-confidence can lead to life's toughest challenges.
3. No obstacle is greater than a lack of belief in oneself.

1. 인생에서 가장 큰 위기는 자신에 대한 믿음을 잃을 때이다.
2. 자신감을 잃는 것은 인생에서 가장 어려운 도전에 직면하게 만든다.
3. 자기 자신에 대한 믿음의 부족보다 더 큰 장애물은 없다.

3)
1. Family always comes first.
2. No matter how busy life gets, my family's well-being should be my priority.
3. Strong family bonds provide support, love, and stability in our lives.

1. 가족은 항상 최우선이다.
2. 아무리 바쁘더라도, 내 가족의 행복이 나의 최우선이어야 한다.
3. 강한 가족 유대는 우리의 삶에 지지, 사랑, 그리고 안정을 제공한다.

4)
1. Small acts of kindness can change the world, including towards ourselves.
2. Kindness, even in the smallest form, can make a difference to both others and ourselves.
3. Kindness, like a domino effect, can spread among people and transform the world into a warmer place.

1. 작은 친절한 행동이 세상을 바꿀 수 있다. 물론 나 자신을 포함해서.
2. 가장 작은 형태의 친절이라도 타인과 나 자신에게 변화를 일으킬 수 있다.
3. 친절은 도미노 효과처럼 사람들 사이에서 퍼져 나가 세상을 따뜻한 곳으로 바꿀 수 있다.

5)

1. Positive thinking brings new opportunities into our lives.
2. When we focus on the good, we attract positive outcomes and possibilities.
3. A positive mindset can open doors to success and growth.

1. 긍정적인 사고는 우리의 삶에 새로운 기회를 가져온다.
2. 우리가 좋은 것에 집중할 때, 긍정적인 결과와 가능성을 끌어들인다.
3. 긍정적인 사고방식은 성공과 성장을 위한 문을 연다.

6)

1. Opportunities come only to those who are prepared.
2. Being ready increases your chances of seizing opportunities when they arise.
3. Preparation is the key to turning possibilities into success.

1. 기회는 준비된 사람에게만 온다.
2. 준비가 되어 있으면 기회가 올 때 그것을 포착할 확률이 높아진다.
3. 준비는 가능성을 성공으로 바꾸는 열쇠다.

7)

1. The darkest hour is just before dawn.
2. Tough times often precede better days, so hold on and stay hopeful.
3. Even in the darkest moments, light is closer than it seems.

1. 가장 어두운 시간은 새벽 직전이다.
2. 힘든 시간은 종종 더 나은 날들이 오기 전이니, 버티고 희망을 가지라.
3. 가장 어두운 순간에도 빛은 생각보다 가까이에 있다.

8)

1. When your mind feels cluttered, start by tidying up your surroundings.
2. Cleaning your space can help clear your thoughts and regain focus.
3. A tidy environment often leads to a more organized mind.

1. 마음이 어지럽게 느껴질 때는, 우선 주변을 정리해 보라.
2. 공간을 청소하면 생각이 맑아지고 집중력을 되찾는 데 도움이 된다.
3. 정리된 환경은 종종 더 조직적인 마음으로 이어진다.

9)

1. Everything happens for a reason.

2. Every event has a cause that leads to its outcome.
3. Understanding the cause helps us learn and grow from every experience.

1. 모든 일에는 이유가 있다.
2. 모든 사건에는 결과로 이어지는 원인이 있다.
3. 그 원인을 이해하는 것은 모든 경험에서 배우고 성장하는 데 도움이 된다.

10)
1. Travel is essential for new ideas and perspectives.
2. Stepping out of your routine and experiencing new places opens your mind to fresh concepts.
3. Travel provides the opportunity to break free from your usual way of thinking and find inspiration in unfamiliar surroundings.

1. 여행은 새로운 아이디어와 시각을 얻는 데 필수적이다.
2. 일상을 벗어나 새로운 장소를 경험하는 것은 새로운 개념으로 네 마음을 열어준다.
3. 여행은 기존의 사고 방식을 벗어나 낯선 환경에서 영감을 찾을 기회를 제공한다.

11)
1. Between success and failure, there is only giving up.
2. The difference between success and failure often comes down to not quitting.
3. The key to achieving success lies in continuing forward, even when faced with challenges, rather than giving up.

1. 성공과 실패 사이에는 오직 포기만 있다.
2. 성공과 실패의 차이는 종종 포기하지 않는 데 있다.
3. 성공을 이루는 열쇠는 도전 앞에서도 포기하지 않고 계속 나아가는 데 있다.

12)
1. Success is made from clear and properly set goals.
2. Clear and well-defined goals are the foundation of success.
3. Success begins when you have a clear and properly set goal in mind.

1. 성공은 명확하고 제대로 설정된 목표에서 나온다.
2. 명확하고 잘 정의된 목표는 성공의 기초가 된다.
3. 성공은 명확하고 제대로 설정된 목표를 마음속에 가질 때 시작된다.

13)
1. Don't do to others what you wouldn't want done to yourself.
2. Treat others the way you would want to be treated.
3. If you don't like something happening to you, don't do it to others.

1. 내가 원하지 않는 일은 다른 사람에게도 하지 마라.
2. 자신이 대접받고 싶은 대로 타인을 대하라.
3. 너에게 무슨 일이 일어나는 것을 싫어하면, 그 일을 다른 사람에게도 하지 말자.

14)

1. Passion without action is just fantasy.
2. Without execution, passion remains an idle dream.
3. Action is what turns passion into real success.

1. 행동 없는 열정은 그저 환상일 뿐이다.
2. 실행이 없으면 열정은 가만히 꿈에 머무른다.
3. 행동이 열정을 진정한 성공으로 바꾼다.

15)

1. Remember how many failures a baby experiences before walking.
2. Every step of success is built on numerous failures along the way.
3. Failure is simply a part of the learning process; it's necessary to grow.

1. 아기가 걷기 전에 얼마나 많은 실패를 겪는지 기억하라.
2. 성공의 모든 단계는 그 과정에서 수많은 실패를 기반으로 한다.
3. 실패는 단지 배움의 과정의 일부일 뿐; 성장하기 위해선 필요하다.

16)

1. Wool is sheared just before the cold winter arrives.
2. The best time to prepare for challenges is just before they happen.
3. Like sheep are sheared before winter, we should prepare ourselves in advance for difficulties.

1. 양털은 추운 겨울이 오기 직전에 깎인다.
2. 도전에 대비하기 가장 좋은 시기는 그것이 일어나기 직전이다.
3. 양이 겨울 전에 양털을 깎듯이, 우리는 어려움에 대비해 미리 준비해야 한다.

17)

1. Travel is mostly a matter of courage.
2. Stepping out of your comfort zone to explore new places requires bravery.
3. The real challenge of traveling lies in overcoming your fear of the unknown.

1. 여행은 대부분 용기의 문제이다.
2. 새로운 장소를 탐험하기 위해 편안한 구역을 벗어나는 것은 용기가 필요하다.
3. 여행의 진정한 도전은 미지의 것을 두려워하는 마음을 극복하는 데 있다.

18)

1. Forgiveness is for myself.
2. Letting go of anger and resentment allows me to heal and move forward.
3. Holding onto grudges only harms me, while forgiveness frees my mind and soul.

1. 용서는 나를 위한 것이다.
2. 분노와 원한을 놓아주는 것은 내가 치유되고 앞으로 나아갈 수 있게 한다.
3. 원한을 품고 있는 것은 나만 해치지만, 용서는 내 마음과 영혼을 자유롭게 만든다.

19)

1. What matters in life is not what you achieve, but how you achieve it.
2. The process of achieving is often more important than the achievement itself.
3. Success is not defined solely by the outcome, but by the journey you take to get there.

1. 인생에서 중요한 것은 무엇을 성취했는지가 아니라, 어떻게 성취했는지이다.
2. 성취의 과정이 결과보다 더 중요할 때가 많다.
3. 성공은 그 결과만으로 정의되지 않으며, 그 결과를 얻기 위한 여정이 중요하다.

20)

1. No one is perfect.
2. Embracing our imperfections allows us to grow and become better versions of ourselves.
3. Perfection is an unrealistic goal, and accepting flaws is key to finding peace and happiness.

1. 완벽한 사람은 없다.
2. 우리의 불완전함을 받아들이는 것은 우리가 성장하고 더 나은 버전이 되는 데 도움이 된다.
3. 완벽함은 비현실적인 목표이며, 결점을 받아들이는 것이 평화와 행복을 찾는 열쇠이다.

21)

1. The biggest foolish thing a human can do is regret the things in the past that cannot be changed.
2. Dwelling on past mistakes only hinders personal growth and wastes precious time.
3. It's important to focus on what can be done in the present rather than lamenting over the past.

1. 인간이 할 수 있는 가장 어리석은 일은 바꿀 수 없는 과거를 후회하는 것이다.
2. 과거의 실수에 계속 집착하는 것은 개인적인 성장을 방해하고 소중한 시간을 낭비하게 만든다.

3. 과거를 한탄하기보다는 현재 할 수 있는 일에 집중하는 것이 중요하다.

22)
1. There is no time in life when it is too late.
2. No matter your age, it's always possible to start something new and make a change.
3. The key to success is not when you start, but the effort you put in from this moment on.

1. 인생에서 늦었다고 할 수 있는 때는 없다
2. 나이에 상관없이 항상 새로운 것을 시작하고 변화를 만들 수 있다.
3. 성공의 열쇠는 언제 시작하느냐가 아니라 지금 이 순간부터 들이는 노력에 있다.

23)
1. Life is sad because it only happens once.
2. The brevity of life gives us a sense of urgency to make every moment count.
3. Realizing that life is finite can help us appreciate its fleeting beauty.

1. 인생은 한 번뿐이기에 슬프다.
2. 인생의 짧음은 매 순간을 소중히 여기고 살아야 한다는 긴박감을 준다.
3. 인생이 유한하다는 것을 깨닫는 것은 그 순간순간의 아름다움을 더욱 소중히 여기는 데 도움이 된다.

24)
1. Life is a path with mountains and valleys.
2. There will be times when we climb to the peaks and times when we go through deep valleys.
3. The journey is shaped by both the highs and the lows we experience.

1. 인생은 산과 계곡이 이어지는 길이다.
2. 우리는 정점으로 오를 때도 있고, 깊은 계곡을 지나갈 때도 있다.
3. 여정은 우리가 경험하는 높고 낮음에 의해 형성된다.

25)
1. The most important person to respect is yourself.
2. If you don't respect yourself, it becomes difficult to gain respect from others.
3. Self-respect is the foundation of building confidence and healthy relationships.

1. 존중해야 할 가장 중요한 사람은 당신 자신이다.
2. 자신을 존중하지 않으면, 다른 사람들의 존중을 받기 어려워진다.
3. 자기 존중은 자신감을 쌓고 건강한 관계를 형성하는 기초가 된다.

26)

1. If you can't avoid it, embrace it, but don't just enjoy it—believe it will benefit your future.
2. Learn to find meaning in what's unavoidable and trust it will shape a better tomorrow.
3. When faced with the inevitable, approach it with confidence, seeing it as an investment in your future.

1. 피할 수 없다면, 받아들이되 단순히 즐기지 말고 그것이 미래에 도움이 될 것이라 믿어라.
2. 피할 수 없는 것에서 의미를 찾는 법을 배우고, 그것이 더 나은 내일을 만든다고 믿어라.
3. 피할 수 없는 상황에 직면했을 때는 자신감을 가지고 그것을 미래를 위한 투자로 바라보라.

27)

1. Do today's tasks today; postpone worries for tomorrow.
2. Focusing on action now and delaying overthinking can lead to better results.
3. By tackling what's urgent and setting aside concerns, you achieve clarity and productivity.

1. 할 일은 오늘 하고, 고민거리는 내일로 미루자.
2. 지금 행동에 집중하고 지나친 고민을 미루면 더 나은 결과를 얻을 수 있다.
3. 시급한 일을 처리하고 고민을 따로 두면, 명확함과 생산성을 얻을 수 있다.

28)

1. Happiness is determined not by circumstances but by attitude.
2. Your perspective shapes your happiness more than external factors.
3. A positive attitude can create joy regardless of the situation.

1. 행복은 상황이 아니라 태도가 결정한다.
2. 당신의 관점이 외부 요소보다 행복을 더 많이 형성한다.
3. 긍정적인 태도는 상황에 상관없이 기쁨을 만들어낼 수 있다.

29)

1. I am not someone to fight against, but someone to understand.
2. The battle is not with yourself but with challenges outside you.
3. Self-acceptance is the key to inner peace and growth.

1. 나는 싸워야 할 대상이 아니라 이해해야 할 존재다.
2. 싸움은 나 자신과의 싸움이 아니라, 외부의 도전과의 싸움이다.
3. 자기 수용은 내면의 평화와 성장을 위한 핵심이다.

30)

1. Always be aware of the type of friends you have around you.

2. Surround yourself with people who inspire and support you.
3. The quality of your friends often reflects the quality of your life.

1. 항상 자신이 주변에 어떤 친구들이 있는지를 인지하라.
2. 당신에게 영감을 주고 지지해주는 사람들과 함께하라.
3. 친구의 질은 종종 당신 삶의 질을 반영한다.

31)
1. Do not criticize others.
2. Judging others only reflects your own character.
3. It's better to focus on your own actions than pointing fingers at others.

1. 남을 비난하지 마라.
2. 남을 판단하는 것은 결국 당신 자신의 성격을 반영한다.
3. 남을 지적하는 것보다는 자신의 행동에 집중하는 것이 낫다.

32)
1. High expectations can often lead to disappointment or anger.
2. When you expect too much, the result is often not as you hoped.
3. It's better to manage your expectations to avoid negative emotions.

1. 너무 큰 기대는 종종 실망이나 분노로 되돌아올 수 있다.
2. 너무 많은 것을 기대하면, 결과는 종종 원하는 대로 나오지 않는다.
3. 부정적인 감정을 피하려면 기대를 잘 관리하는 것이 좋다.

33)
1. Don't envy others' happiness.
2. Comparing yourself to others can lead to dissatisfaction.
3. True happiness comes from within, not from looking at others.

1. 다른 이의 행복을 시기하지 마라.
2. 자신을 다른 사람과 비교하면 불만족을 초래할 수 있다.
3. 진정한 행복은 다른 사람을 바라보는 데서 오는 것이 아니라, 내면에서 온다.

34)
1. Believe in the magic of counting down 5, 4, 3, 2, 1.
2. A countdown can trigger the moment of action and change.
3. Sometimes, all it takes is a countdown to get started and overcome hesitation.

1. 5, 4, 3, 2, 1 카운트다운의 마법을 믿어라.
2. 카운트다운은 행동과 변화를 일으킬 수 있다.
3. 때때로 시작하려면 카운트다운만으로 망설임을 이겨내고 시작할 수 있다.

35)
1. Let your mind stay as much as possible in the present.
2. The key to peace is keeping your mind in the present moment.
3. Focusing on the present helps reduce unnecessary stress and distractions.

1. 마음은 최대한 현재에 머물도록 하자.
2. 평화의 열쇠는 현재의 순간에 마음을 두는 것이다.
3. 현재에 집중하는 것은 불필요한 스트레스와 방해 요소를 줄이는 데 도움이 된다.

36)
1. The reason your mind feels chaotic is because you lack priorities.
2. Without clear priorities, it's easy for your thoughts to become scattered.
3. Focusing on what matters most will bring clarity and peace to your mind.

1. 마음이 혼란스러운 건 우선순위가 없기 때문이다.
2. 명확한 우선순위가 없으면 생각이 흩어지기 쉽다.
3. 중요한 것에 집중하면 마음에 명확함과 평화가 찾아온다.

37)
1. Anything outstanding is bound to be disliked by some.
2. Greatness often comes with the price of criticism.
3. If you stand out, expect some form of opposition.

1. 모든 뛰어난 것은 미움받기 마련이다.
2. 위대함은 종종 비판이라는 대가를 동반한다.
3. 네가 두드러지면, 어떤 형태의 반대에 직면할 거라고 예상해.

38)
1. When we immerse ourselves and focus, we experience true happiness.
2. True happiness is felt when we concentrate deeply on something.
3. The moment we focus completely, we find joy and fulfillment.

1. 우리가 몰입하고 집중할 때, 진정한 행복을 경험한다.
2. 진정한 행복은 우리가 무언가에 깊게 집중할 때 느낀다.
3. 우리가 완전히 집중하는 순간, 기쁨과 성취감을 찾는다.

39.
1. Negative thoughts that suddenly arise are inevitable.
2. However, I can control my words.
3. Even though negative thoughts come to mind, I can control what I say.

1. 문득 드는 부정적 생각은 어쩔 수 없다.

2. 하지만 나의 입은 통제할 수 있다.
3. 부정적인 생각이 떠오르더라도, 내가 말하는 것은 통제할 수 있다.

40)

1. Mickey Mouse was born during Walt Disney's toughest time.
2. The creation of Mickey Mouse came at a moment when Walt Disney faced his greatest challenges.
3. Mickey Mouse emerged when Walt Disney was struggling the most.

1. 미키마우스는 월트 디즈니의 가장 힘든 시기에 태어났다.
2. 미키마우스의 창조는 월트 디즈니가 가장 큰 도전에 직면했을 때 일어났다.
3. 미키마우스는 월트 디즈니가 가장 힘든 시기를 겪고 있을 때 나타났다.

41)

1. Standing with the majority brings no burden, but it should always be approached with caution.
2. It's easy to side with the crowd, but one must be wary of doing so all the time.
3. Being with the majority feels comfortable, yet it requires constant vigilance.

1. 대중의 편에 서면 부담이 없지만, 항상 경계해야 한다.
2. 군중과 함께하는 것은 쉽지만, 항상 그렇게 하는 것에 대해 조심해야 한다.
3. 대다수와 함께 있는 것은 편안하지만, 계속해서 경계를 유지해야 한다.

42)

1. The more anxious you feel, the more you must let go of impatience. Focus on what you can control right now.
2. Anxiety demands calm; identify what is within your power and focus on that.
3. When anxiety grows, resist the urge to rush and concentrate on what you can manage in the present.

1. 불안할수록 조급함을 내려놓고, 지금 통제할 수 있는 것에 집중해야 한다.
2. 불안은 차분함을 요구한다. 할 수 있는 것을 파악하고 그것에 집중해야 한다.
3. 불안이 커질 때 서두르고 싶은 충동을 억누르고, 현재 관리할 수 있는 것에 집중해야 한다.

43)

1. Laughter brings remarkable positive changes to the body.
2. A good laugh can reduce stress and improve overall health.
3. When you laugh, your body releases endorphins, boosting your mood and energy.

1. 웃음은 신체에 놀라운 긍정적 변화를 만들어 낸다.

2. 좋은 웃음은 스트레스를 줄이고 전반적인 건강을 개선할 수 있다.
3. 웃을 때, 신체는 엔돌핀을 방출하여 기분과 에너지를 증가시킨다.

44)

1. Laughter is the most powerful charm.
2. A genuine laugh can make anyone feel at ease.
3. There is nothing more captivating than a joyful smile.

1. 웃음은 가장 강력한 매력이다.
2. 진정한 웃음은 누구든지 편안하게 만든다.
3. 기쁜 미소보다 더 매혹적인 것은 없다.

45)

1. A day without laughter is a wasted day.
2. Laughter is the best way to make the most out of every day.
3. Every day is worth living when you add laughter to it.

1. 웃음이 결여된 하루는 낭비된 하루다.
2. 웃음은 매일을 최대한 활용하는 최고의 방법이다.
3. 웃음을 더하면 매일은 살아갈 가치가 있다.

46)

1. Humans naturally exhibit confirmation bias.
2. People tend to seek information that supports their beliefs.
3. It's common to ignore facts that contradict one's opinions.

1. 인간은 자연적으로 확증 편향을 드러낸다.
2. 사람들은 자신의 신념을 지지하는 정보를 찾는 경향이 있다.
3. 자신의 의견과 반대되는 사실을 무시하는 것은 흔한 일이다.

47)

1. Humans make more decisions unconsciously than they realize.
2. Our unconscious mind plays a significant role in our daily choices.
3. Many of our actions are influenced by unconscious thought processes.

1. 인간은 자신이 깨닫기보다 더 많은 결정을 무의식적으로 내린다.
2. 우리의 무의식적인 마음은 일상적인 선택에서 중요한 역할을 한다.
3. 우리의 많은 행동은 무의식적인 사고 과정에 영향을 받는다.

48)

1. Humans often make emotional judgments more than they realize.
2. Our emotions can strongly influence the decisions we make.

3. Many of our choices are driven by feelings rather than logic.

1. 인간은 자신이 깨닫기보다 감정적인 판단을 자주 내린다.
2. 우리의 감정은 우리가 내리는 결정에 강한 영향을 미친다.
3. 우리의 많은 선택은 논리보다는 감정에 의해 이끌어진다.

49)
1. Giving up is sweet for humans because it brings immediate relief.
2. In the moment, quitting feels easier than continuing to struggle.
3. The comfort of quitting often clouds our judgment in difficult situations.

1. 포기는 인간에게 달콤하다. 왜냐하면 그것은 즉각적인 안도감을 가져오기 때문이다.
2. 순간적으로는 고군분투를 계속하는 것보다 포기가 더 쉬워 보인다.
3. 포기의 편안함은 종종 어려운 상황에서 우리의 판단을 흐리게 만든다.

50)
1. If one part of my life falls apart, everything else crumbles as well.
2. When one aspect of life breaks down, the entire foundation starts to shake.
3. Losing one element of life can cause everything to unravel.

1. 내 생활의 일부가 무너지면 모든 것이 무너진다.
2. 인생의 한 측면이 무너지면 전체 기초가 흔들리기 시작한다.
3. 인생의 한 요소를 잃으면 모든 것이 풀리기 시작할 수 있다.

51)
1. A reasonable amount of anxiety is a good emotion that enhances my abilities.
2. Moderate anxiety is a positive feeling that helps improve my skills.
3. A certain level of anxiety is beneficial as it boosts my capabilities.

1. 적당한 양의 불안은 내 능력을 향상시키는 좋은 감정이다.
2. 적당한 불안은 내 기술을 향상시키는 긍정적인 감정이다.
3. 어느 정도의 불안은 내 역량을 증진시키는 유익한 것이다.

52)
1. Don't hesitate to ask for advice or make requests. In most cases, the other person will be willing to help.
2. Never be afraid to seek guidance or ask for favors. More often than not, people are willing to listen.
3. Don't shy away from requesting advice or assistance. In most situations, others are happy to lend a hand.

1. 조언을 구하거나 부탁을 하는 것을 망설이지 마라. 대부분의 경우 상대방은 기꺼이 도와

줄 것이다.
2. 조언을 구하거나 부탁하는 것을 두려워하지 마라. 대체로 사람들은 기꺼이 귀를 기울인다.
3. 조언이나 도움을 요청하는 것을 주저하지 마라. 대부분의 상황에서 다른 사람들은 흔쾌히 손을 내밀어 준다.

53)
1. People are less concerned about others than we often think.
2. Most people are primarily focused on their own lives and concerns.
3. The truth is, people tend to think about themselves more than others.

1. 사람들은 우리가 자주 생각하는 것보다 타인에 대해 덜 관심을 가진다.
2. 대부분의 사람들은 주로 자신의 삶과 관심사에 집중한다.
3. 사실, 사람들은 타인보다 자신에 대해 더 많이 생각하는 경향이 있다.

54)
1. Irritation is a warning signal from your body.
2. Feeling annoyed often indicates that something is off balance.
3. Your body uses frustration to tell you it needs attention.

1. 짜증은 몸이 보내는 경고 신호다.
2. 짜증이 난다는 것은 종종 뭔가 균형이 맞지 않음을 나타낸다.
3. 몸은 관심이 필요하다는 것을 불만(짜증)으로 알려준다.

55)
1. A compliment is more than just words.
2. It has the power to uplift someone's spirit and build their confidence.
3. Genuine praise can strengthen relationships and create positive energy.

1. 칭찬은 단순한 말 그 이상이다.
2. 그것은 누군가의 마음을 북돋우고 자신감을 키울 수 있는 힘이 있다.
3. 진심 어린 칭찬은 관계를 강화하고 긍정적인 에너지를 만들어 낼 수 있다.

56)
1. The Pygmalion effect undoubtedly exists. Always visualize what you want in your mind.
2. The Pygmalion effect is real. Keep imagining what you desire in your heart.
3. The Pygmalion effect is certainly real. Continuously picture your goals in your mind.

1. 피그말리온 효과는 확실히 존재한다. 항상 당신이 원하는 것을 마음속으로 시각화하라.
2. 피그말리온 효과는 실제로 존재한다. 원하는 것을 마음속으로 계속 상상하라.

3. 피그말리온 효과는 분명히 현실이다. 목표를 마음속으로 지속적으로 그려라.

57)
1. Humility is the greatest virtue for earning others' affection.
2. Being humble is the key to leaving a positive impression on others.
3. Genuine humility draws people closer and fosters mutual respect.

1. 겸손은 타인의 호감을 얻는 최고의 미덕이다.
2. 겸손한 태도는 타인에게 긍정적인 인상을 남기는 비결이다.
3. 진정한 겸손은 사람들을 더 가까이 끌어들이고 상호 존중을 키운다.

58)
1. Not having a plan is like having a plan to fail.
2. A lack of planning is essentially planning to fail.
3. Without a plan, you are unconsciously setting yourself up for failure.

1. 계획이 없다는 것은 실패할 계획을 세우는 것과 같다.
2. 계획 부족은 본질적으로 실패를 계획하는 것이다.
3. 계획이 없으면 무의식적으로 스스로를 실패로 몰아넣는 것이다.

59)
1. Plans should be written down and placed somewhere visible.
2. Writing your goals and keeping them in sight increases the likelihood of success.
3. The act of writing makes a plan more concrete and actionable.

1. 계획은 반드시 글로 써서 눈에 띄는 곳에 두어야 한다.
2. 목표를 쓰고 그것을 항상 눈에 보이게 두면 성공할 가능성이 높아진다.
3. 글로 계획을 작성하는 것은 그 계획을 더 구체적이고 실행 가능한 것으로 만든다.

60)
1. Consistency beats talent.
2. Perseverance triumphs over exceptional ability.
3. Steady effort outshines extraordinary skill.

1. 꾸준함은 재능을 이긴다.
2. 인내는 비범한 능력을 이긴다.
3. 꾸준한 노력은 특별한 기술을 능가한다.

61)
1. Sometimes, it's necessary to delegate tasks, even if others aren't as skilled.
2. The ability to delegate, even when you think someone may not do it as well, is

crucial.
3. A good leader knows when to assign responsibilities, regardless of the skill level.

1. 때때로 다른 사람이 능숙하지 않더라도 업무를 위임하는 것이 필요하다.
2. 다른 사람이 그 일을 잘하지 못할 것 같아도 위임할 수 있는 능력이 중요하다.
3. 훌륭한 리더는 기술 수준에 관계없이 언제 책임을 할당할지 안다.

62)
1. Change begins in discomfort.
2. Growth often requires stepping out of your comfort zone.
3. To experience true transformation, you must embrace the discomfort that comes with change.

1. 변화는 불편함 속에서 시작된다.
2. 성장은 종종 편안한 영역을 벗어나는 것에서 시작된다.
3. 진정한 변화를 경험하려면 변화와 함께 오는 불편함을 받아들여야 한다.

63)
1. There is no perfect moment to start something. Now is the best time.
2. Waiting for the "perfect" time will only delay progress.
3. The best time to take action is always the present moment.

1. 무언가를 시작하기에 완벽한 순간은 없다. 지금이 가장 좋은 때다.
2. "완벽한" 시간을 기다리면 진전은 오히려 지연될 뿐이다.
3. 행동을 취할 수 있는 가장 좋은 시간은 항상 현재의 순간이다.

64)
1. Trying to please everyone is foolish.
2. It's impossible to satisfy everyone, and it often causes unnecessary stress.
3. The effort to please others can take away from focusing on what truly matters.

1. 모든 사람을 만족시키려는 것은 매우 어리석다.
2. 모두를 만족시키는 것은 불가능하며, 이는 종종 불필요한 스트레스를 유발한다.
3. 다른 사람을 기쁘게 하려는 노력은 진정으로 중요한 일에 집중하는 것을 방해할 수 있다.

65)
1. Focus on your strengths.
2. Emphasizing what you're good at can lead to greater success.
3. Building on your strengths is often more effective than trying to improve weaknesses.

1. 자신의 강점에 집중하자.

2. 자신이 잘하는 것을 강조하는 것이 더 큰 성공으로 이어질 수 있다.
3. 약점을 개선하려는 것보다 강점을 키우는 것이 더 효과적일 때가 많다.

66)
1. A goal must always have a clear deadline.
2. Setting a time frame for goals increases the likelihood of achieving them.
3. Without a deadline, a goal can easily turn into a mere wish.

1. 목표는 반드시 명확한 기한이 있어야 한다.
2. 목표에 시간 범위를 설정하면 달성 가능성이 높아진다.
3. 기한이 없으면 목표는 단순한 바람으로 변하기 쉽다.

67)
1. Work and personal life must be balanced.
2. Maintaining a balance prevents burnout and enhances well-being.
3. A healthy work-life balance leads to greater productivity and happiness.

1. 일과 개인 생활은 균형을 맞춰야 한다.
2. 균형을 유지하면 탈진을 방지하고 웰빙을 향상시킨다.
3. 건강한 워라벨은 더 큰 생산성과 행복으로 이어진다.

68)
1. Build a network with a variety of people.
2. Connecting with different people can open doors to new opportunities.
3. A diverse network enriches your life in unexpected ways.

1. 다양한 사람과의 네트워크를 쌓자.
2. 다양한 사람들과 연결하면 새로운 기회를 열 수 있다.
3. 다양한 네트워크는 예기치 못한 방식으로 우리의 삶을 풍요롭게 만든다.

69)
1. The opposite of success is not failure but not trying.
2. True failure lies in the refusal to take a chance.
3. Taking no action is the only guaranteed way to avoid success.

1. 성공의 반대는 실패가 아니라 도전하지 않는 것이다.
2. 진정한 실패는 기회를 잡으려 하지 않는 데 있다.
3. 아무 행동도 하지 않는 것이 성공을 피하는 유일한 방법이다.

70)
1. If you want to succeed, start by following those who have already succeeded.
2. Learning from successful people is the first step toward success.

3. Emulating the habits of achievers can lead you closer to your goals.

1. 성공하고 싶다면 이미 성공한 사람을 따라해 보는 것으로 시작해야 한다.
2. 성공한 사람들로부터 배우는 것이 성공을 향한 첫걸음이다.
3. 성취자의 습관을 모방하는 것은 목표에 더 가까이 다가가게 한다.

71)
1. Start your day by making your bed; small commitments build big success.
2. Keeping a promise to yourself, even a simple one, sets a positive tone for the day.
3. Success begins with discipline in the smallest tasks.

1. 하루를 시작할 때 이불을 정리하자. 작은 약속들이 큰 성공을 만든다.
2. 자신에게 한 약속을 지키는 것은, 비록 단순하더라도 하루를 긍정적으로 시작하게 한다.
3. 성공은 가장 작은 일에서 시작되는 규율에서 비롯된다.

72)
1. Without the courage to make mistakes, you can't attempt anything.
2. Fear of failure often holds us back from trying.
3. Embrace the possibility of being wrong as a step toward growth.

1. 실수를 할 용기가 없으면 아무것도 시도할 수 없다.
2. 실패에 대한 두려움은 종종 우리를 멈추게 한다.
3. 틀릴 가능성을 성장으로 가는 과정으로 받아들이자.

73)
1. One must cultivate specific and unique tastes of their own.
2. Having a distinctive preference sets you apart from others.
3. Your personal taste defines who you are and what you stand for.

1. 사람은 자신만의 구체적이고도 고유한 취향을 계발해야 한다.
2. 독특한 선호를 가지는 것은 당신을 다른 사람과 차별화한다.
3. 당신의 개인적인 취향은 당신이 누구인지, 무엇을 추구하는지를 정의한다.

74)
1. One must have an open mind for learning and growth.
2. Embracing new ideas is key to personal development.
3. The willingness to learn helps you evolve and adapt to new challenges.

1. 배움과 성장에 대한 열린 마음을 가져야 한다.
2. 새로운 아이디어를 받아들이는 것이 개인적 발전의 핵심이다.
3. 배우려는 의지는 당신이 발전하고 새로운 도전에 적응하는 데 도움을 준다.

75)
1. Live a life of help and sharing.
2. Helping others brings fulfillment and joy.
3. A life of generosity is one that benefits both others and yourself.

1. 도움과 나눔의 삶을 살아가자.
2. 다른 사람을 돕는 것은 만족과 기쁨을 가져온다.
3. 관대함의 삶은 다른 사람과 자신 모두에게 이익이 된다.

76)
1. The main purpose of reading is to find mental peace.
2. Reading is not just about knowledge; it's about calming the mind.
3. Books offer a sanctuary for the restless mind.

1. 독서의 중요한 목적은 마음의 안정을 위한 것이다.
2. 독서는 단지 지식을 위한 것이 아니라, 마음을 진정시키기 위한 것이다.
3. 책은 불안한 마음을 위한 피난처를 제공한다.

77)
1. Always have a hobby that is sustainable.
2. A hobby that brings joy and can be maintained over time is the most rewarding.
3. Sustainable hobbies allow you to grow while keeping a healthy balance in life.

1. 반드시 지속 가능한 취미를 가지자.
2. 기쁨을 주고 시간이 지나면서도 유지할 수 있는 취미가 가장 보람 있다.
3. 지속 가능한 취미는 삶에서 건강한 균형을 유지하며 성장할 수 있게 한다.

78)
1. Humor is essential in every aspect of life.
2. A good sense of humor can make any situation more manageable.
3. Life becomes more enjoyable when you approach it with humor.

1. 세상 그 어떤 일에도 유머는 필수다.
2. 좋은 유머 감각은 어떤 상황이든 더 관리하기 쉽게 만든다.
3. 유머를 가지고 삶에 접근하면, 인생은 더욱 즐거워진다.

79)
1. Take a few minutes for meditation every day.
2. Daily meditation can bring peace to your mind.
3. A short meditation session can help you stay centered and calm.

1. 매일 짧은 명상 시간을 갖기.

2. 매일 명상은 마음에 평화를 가져올 수 있다.
3. 짧은 명상 세션은 당신이 중심을 잡고 차분함을 유지하는 데 도움이 된다.

80)
1. Speaking a foreign language is like having a second soul.
2. Mastering a second language opens doors to new perspectives.
3. Language is the key to understanding different cultures and ways of life.

1. 외국어를 구사한다는 것은 두 번째 영혼을 가지는 것과 같다.
2. 두 번째 언어를 마스터하면 새로운 관점의 문이 열린다.
3. 언어는 다른 문화와 생활 방식을 이해하는 열쇠이다.

81)
1. Don't be discouraged if your pronunciation is awkward. It's proof that you can speak at least two languages.
2. The fact that you speak more than one language is an achievement.
3. Even if your accent isn't perfect, remember that you're multilingual, which is something to be proud of.

1. 영어 발음이 어색해도 기죽지 말아라. 최소한 두 개 국어를 할 수 있다는 증거다.
2. 두 개 이상의 언어를 할 수 있다는 사실은 성취를 이룬 것이다.
3. 발음이 완벽하지 않더라도, 당신은 다국어를 한다는 사실을 기억해라. 자랑스러워 할 일이다.

82)
1. Never speak ill of others.
2. Gossiping can damage both trust and relationships.
3. Avoiding harmful words reflects maturity and integrity.

1. 절대 남을 험담하지 마라.
2. 험담은 신뢰와 관계를 모두 손상시킬 수 있다.
3. 해로운 말을 피하는 것은 성숙함과 진실성을 반영한다

83)
1. Practice smiling every day.
2. A simple smile can brighten someone's day.
3. Smiling is a habit that spreads positivity.

1. 매일 미소 짓는 연습을 하자.
2. 단순한 미소 하나로도 누군가의 하루를 밝게 할 수 있다.
3. 미소는 긍정을 퍼뜨리는 습관이다.

84)
1. The best investment in life is education.
2. Investing in learning is the wisest choice you can make.
3. Education is the most valuable investment you can make in your life.

1. 인생에서 최고의 투자란 교육이다.
2. 배움에 투자하는 것은 당신이 할 수 있는 가장 현명한 선택이다.
3. 교육은 인생에서 할 수 있는 가장 가치 있는 투자다.

85)
1. Memorize at least one poem you love.
2. A poem you cherish can always brighten your day.
3. There's power in remembering the words of a poem that speaks to your soul.

1. 좋아하는 시 한 편은 꼭 외우자.
2. 소중히 여기는 시는 언제나 당신의 하루를 밝게 해줄 수 있다.
3. 마음에 와 닿는 시의 가사를 기억하는 데는 큰 힘이 있다.

86)
1. Finding objects from the past can help calm your mind during stressful moments.
2. Touching or looking at old pictures can evoke positive memories that bring comfort.
3. Certain objects or photos have the power to remind you of happy times.

1. 스트레스를 느낄 때, 과거의 물건을 찾는 것이 마음을 진정시킬 수 있다.
2. 오래된 사진을 만지거나 보면 긍정적인 기억들이 떠오르며 편안함을 준다.
3. 특정 물건이나 사진은 행복했던 순간들을 떠올리게 해주는 힘이 있다.

87)
1. Don't experience the anxiety of the future before it arrives.
2. Worrying about the future only wastes the present moment.
3. The future is uncertain; there's no need to stress about it now.

1. 미래의 불안을 미리 겪지 말자.
2. 미래에 대한 걱정은 현재의 순간을 낭비할 뿐이다.
3. 미래는 불확실하다. 지금 스트레스를 받을 필요는 없다.

88)
1. You should live a life that focuses on both the quality and quantity of sleep.
2. Sleep is not just about the hours you spend in bed, but the quality of rest you get.

3. Prioritizing good sleep can significantly improve your physical and mental well-being.

1. 수면의 질과 양에 신경 쓰는 삶을 살아야 한다.
2. 수면은 침대에서 보내는 시간뿐만 아니라 얻는 휴식의 질도 중요하다.
3. 좋은 수면을 우선시하면 신체적, 정신적 웰빙을 크게 향상시킬 수 있다.

89)
1. We must prepare for the possibility of burnout.
2. Preventing burnout requires awareness and self-care.
3. Taking regular breaks and managing stress is key to avoiding burnout.

1. 우리는 번아웃이 올 가능성에 대비해야 한다.
2. 번아웃을 예방하려면 인식과 자기 관리가 필요하다.
3. 규칙적인 휴식과 스트레스 관리는 번아웃을 피하는 데 중요하다.

90)
1. The power of a walk is greater than we often realize.
2. Taking a walk can clear your mind and improve your mood.
3. Walking is a simple yet powerful way to refresh both your body and mind.

1. 산책의 힘은 우리가 생각하는 것보다 크다.
2. 산책은 마음을 맑게 하고 기분을 개선시킬 수 있다.
3. 산책은 몸과 마음을 상쾌하게 하는 간단하지만 강력한 방법이다.

91)
1. Develop the habit of not just thinking, but also writing things down.
2. Writing helps to clarify thoughts and organize ideas.
3. Turning thoughts into words on paper brings clarity and focus.

1. 생각만이 아닌 반드시 글로 정리하는 습관을 가져라.
2. 글쓰기는 생각을 명확하게 하고 아이디어를 정리하는 데 도움이 된다.
3. 생각을 종이에 글로 옮기는 것은 명확성과 집중을 가져온다.

92)
1. Walking on unfamiliar paths can be a great way to relieve stress.
2. Taking a walk on a new street near your home can help break away from the routine.
3. Stepping into unfamiliar environments allows your mind to reset and relax.

1. 낯선 길을 걷는 것은 스트레스를 해소하는 좋은 방법이 될 수 있다.
2. 집 근처에서 새로운 길을 걷는 것은 일상에서 벗어나는 데 도움이 된다.

3. 익숙하지 않은 환경에 몸을 맡기면 마음을 새롭게 하고 편안하게 해준다.

93)
1. Exercise is essential for mental health.
2. Physical activity boosts your mood and reduces stress.
3. A strong body leads to a strong mind.

1. 운동은 정신적 건강을 위해서 반드시 필요하다.
2. 신체 활동은 기분을 좋게 하고 스트레스를 줄여준다.
3. 강한 몸은 강한 정신으로 이어진다.

94)
1. The only organ in the human body that can be controlled is the diaphragm.
2. When stress hits, take a deep breath.
3. Breathing deeply can help you regain control over your emotions.

1. 인간의 신체 중 유일하게 통제 가능한 장기는 횡격막이다.
2. 스트레스가 올 때는 심호흡을 하자.
3. 심호흡은 감정을 되찾는 데 도움이 될 수 있다.

95)
1. When mental distress overwhelms you, don't stay still - move your body.
2. Physical movement can help release emotional tension and improve your mood.
3. Even a short walk can make a significant difference in calming your mind.

1. 정신적인 괴로움이 밀려들면 가만히 있지 말고 몸을 움직여라.
2. 신체적인 움직임은 감정적인 긴장을 풀어주고 기분을 향상시킬 수 있다.
3. 짧은 산책도 마음을 진정시키는 데 큰 차이를 만들 수 있다.

96)
1. Learning to play a musical instrument is a great hobby to pursue.
2. Playing an instrument can be a therapeutic way to express emotions.
3. It enhances cognitive skills and helps reduce stress.

1. 악기를 배우는 것은 훌륭한 취미 활동이다.
2. 악기를 연주하는 것은 감정을 표현하는 치료적인 방법이 될 수 있다.
3. 그것은 인지 능력을 향상시키고 스트레스를 줄이는 데 도움이 된다.

97)
1. You should not be overly influenced by other people's opinions.
2. Letting others' judgments control your actions can lead to unhappiness.
3. Trust yourself and make decisions based on your own values.

1. 타인의 의견에 지나치게 영향을 받지 말아야 한다.
2. 다른 사람의 판단에 내 행동이 좌우되면 불행해질 수 있다.
3. 자신을 믿고, 자신의 가치에 따라 결정을 내리자.

98)
1. Sometimes in life, unexpected things happen, and we should accept them as part of the journey.
2. Embracing the unexpected can lead to growth and new opportunities.
3. Life is full of surprises, and learning to go with the flow is key to staying happy.

1. 인생을 살다 보면 예상치 못한 일들이 일어나고, 우리는 그것을 여정의 일부로 받아들여야 한다.
2. 예상치 못한 일을 포용하면 성장과 새로운 기회를 얻을 수 있다.
3. 인생은 놀라움으로 가득 차 있으며, 그 흐름에 맞게 가는 것이 행복을 유지하는 핵심이다.

99)
1. Spend time in nature to rejuvenate your mind and body.
2. Being surrounded by nature has a calming and healing effect.
3. Nature offers the perfect environment to reflect and recharge.

1. 자연 속에서 시간을 보내면 마음과 몸을 재충전할 수 있다.
2. 자연에 둘러싸여 있으면 진정되고 치유되는 효과가 있다.
3. 자연은 반성하고 재충전할 수 있는 완벽한 환경을 제공한다.

100)
1. Never send an email or message when you are angry.
2. It's important to pause and calm down before communicating in moments of anger.
3. Impulsive messages can lead to regret, so it's better to wait and reflect first.

1. 화가 났을 때는 이메일이나 메세지를 절대 보내지 마라.
2. 화가 날 때는 잠시 멈추고 진정한 후에 소통하는 것이 중요하다.
3. 충동적인 메세지는 후회를 가져올 수 있으니, 먼저 기다리고 반성하는 것이 좋다.

What would life be

if we had no courage to attempt anything?

- Vincent Van Gogh —

어떤 것을 시도할 용기조차 없다면

인생에 무슨 의미가 있겠는가?

- 빈센트 반 고흐 -

Epilogue

사랑하는 내 동생들,
그리고
한때의 저처럼
막막하고 힘든 시간을 보내고 있을
이 세상 모든 인생 후배분들께
이 책을 전합니다.

우리 함께 단 한 가지만 기억합시다.
저도 잊지 않겠습니다.

포기하지 않고 끝까지 하면 됩니다.
반드시 됩니다.

- Jeff 강사 드림 -